Best-sellers

Padre Rico, Padre Pobre
Qué les enseñan los ricos a sus hijos acerca del dinero,
¡que las clases media y pobre no!

El Cuadrante del flujo de dinero
Guía de Padre Rico hacia la libertad financiera

Guía para invertir
En qué invierten los ricos,
¡a diferencia de las clases media y pobre!

Niño Rico, Niño Listo
Cómo dar a sus hijos una educación financiera sólida

Retírate joven y rico
Cómo volverse rico pronto y para siempre

La profecía de Padre Rico
Por qué la mayor caída del mercado de valores
de la historia está aún por venir...
¡Y cómo te puedes preparar para beneficiarte de ella!

Historias de éxito
Experiencias verdaderas de personas
que siguieron las lecciones de Padre Rico

Guía para hacerse rico sin cancelar sus tarjetas de crédito
Convierta la deuda mala en deuda buena

El juego del dinero
Por qué los inversionistas lentos pierden
¡y el dinero rápido gana!

Padre Rico, Padre Pobre para jóvenes
Los secretos para ganar dinero que no te enseñan
en la escuela

Escape de la Carrera de la Rata
Aprende cómo funciona el dinero ¡y vuélvete un niño rico!

Antes de renunciar a tu empleo
Diez lecciones que todo emprendedor debe saber
para construir un negocio multimillonario

Incrementa tu IQ financiero
Sé más listo con tu dinero

La conspiración de los ricos
Las 8 nuevas reglas del dinero

La ventaja del ganador
El poder de la educación financiera

Despierta el genio financiero de tus hijos
Por qué los estudiantes de «10» trabajan para
los estudiantes de «6»

Segunda oportunidad
Para tu dinero, tu vida y nuestro mundo

8
LECCIONES DE LIDERAZGO MILITAR

8 LECCIONES DE LIDERAZGO MILITAR
para emprendedores

ROBERT T. KIYOSAKI

Autor del *bestseller* internacional *Padre Rico Padre Pobre*

8 lecciones de liderazgo militar para emprendedores

Título original: *8 Lessons in Military Leadership for Entrepreneurs*

Primera edición: mayo de 2016
Segunda reimpresión: junio de 2017

Copyright © 2015 by Robert T. Kiyosaki
This edition published by arrangement with Rich Dad Operating Company, LLC.
Esta edición es publicada en acuerdo con Rich Dad Operating Company, LLC.

D. R. © 2017, derechos de edición mundiales en lengua castellana:
Penguin Random House Grupo Editorial, S.A. de C.V.
Blvd. Miguel de Cervantes Saavedra núm. 301, 1er piso,
colonia Granada, delegación Miguel Hidalgo, C.P. 11520,
Ciudad de México

www.megustaleer.com.mx

D. R. © 2016, Alejandra Ramos, por la traducción
CASHFLOW, Rich Dad, B-I Triangle y CASHFLOW Quadrant son marcas
registradas de CASHFLOW Technologies, Inc.

Penguin Random House Grupo Editorial apoya la protección del *copyright*.
El *copyright* estimula la creatividad, defiende la diversidad en el ámbito de las ideas y el conocimiento, promueve la libre expresión y favorece una cultura viva. Gracias por comprar una edición autorizada de este libro y por respetar las leyes del Derecho de Autor y *copyright*. Al hacerlo está respaldando a los autores y permitiendo que PRHGE continúe publicando libros para todos los lectores.

Queda prohibido bajo las sanciones establecidas por las leyes escanear, reproducir total o parcialmente esta obra por cualquier medio o procedimiento así como la distribución de ejemplares mediante alquiler o préstamo público sin previa autorización.
Si necesita fotocopiar o escanear algún fragmento de esta obra diríjase a CemPro
(Centro Mexicano de Protección y Fomento de los Derechos de Autor, http://www.cempro.com.mx).

ISBN: 978-607-314-221-2

Impreso en México – *Printed in Mexico*

El papel utilizado para la impresión de este libro ha sido fabricado a partir de madera procedente de bosques y plantaciones gestionadas con los más altos estándares ambientales, garantizando una explotación de los recursos sostenible con el medio ambiente y beneficiosa para las personas.

Penguin
Random House
Grupo Editorial

Esta publicación fue diseñada para ofrecer información competente y confiable respecto al tema que cubre, sin embargo, se vende bajo el entendimiento de que el autor y el editor no están comprometidos a ofrecer asesoría legal, financiera o profesional de otro tipo. Las leyes y las prácticas suelen variar de un estado a otro y de un país a otro, y si usted llegara a requerir asistencia profesional, deberá buscar la ayuda de un experto. El autor y el editor se deslindan específicamente de cualquier falta en la que se incurra a partir del uso o aplicación del contenido de este libro.

*Dedicado a los hombres y mujeres
que prestan sus servicios
en las fuerzas armadas
de todo el mundo*

Nuestra misión de Un millón de libros

... y lo que puede significar para ti

Rich Dad Company y Plata Publishing harán una generosa contribución por cada copia de este libro que se venda entre su fecha de publicación y el 8 de abril de 2017. El objetivo es proveer fondos para programas y proyectos que apoyan a los hombres y mujeres de las entidades militares de todo el mundo y a sus familias.

Nos hemos comprometido a vender un millón de copias de este libro. Los fondos que distribuyamos como resultado de dichas ventas ayudaran a servir y apoyar a nuestros hermanos y hermanas de las entidades militares… ya sea a quienes están prestando servicio activo, a los retirados o a quienes forman parte de las reservas.

Para más información sobre cómo apoyar esta Misión o beneficiarte de la misma, visita RichDad.com/MillionBookMission

Juramento de reclutamiento

*Juro solemnemente
que apoyaré y defenderé
la Constitución de los Estados Unidos
de todos su enemigos, extranjeros y nacionales;
que seré fiel y leal a la misma;
y que obedeceré las órdenes
del Presidente de los Estados Unidos
y las de los oficiales designados por encima de mí,
de acuerdo con las regulaciones y el
Código Uniforme de Justicia Militar
con la ayuda de Dios.*

ÍNDICE

Prefacio por el Teniente General Jack Bergman 17
Un agradecimiento especial 19

Introducción
      Entrenamiento para la vida.. 21

Primera parte: Llamado al deber

Capítulo uno
      Misión crucial 25
Capítulo dos
      Cómo convertirse en empresario 63

Segunda parte: 8 Lecciones de liderazgo

Capítulo tres
      Lección de liderazgo #1
      Los líderes son modelos a seguir 91
Capítulo cuatro
      Lección de liderazgo #2
      ¿Eres un solitario o un líder? 101
Capítulo cinco
      Lección de liderazgo #3
      La disciplina proporciona mejor calidad de vida 113

Capítulo seis
    Lección de liderazgo #4
    El poder del respeto 131

Capítulo siete
    Lección de liderazgo #5
    La importancia de la velocidad 147

Capítulo ocho
    Lección de liderazgo #6
    Unir para ganar y dividir para conquistar 165

Capítulo nueve
    Lección de liderazgo #7
    Los líderes son maestros 177

Capítulo diez
    Lección de liderazgo #8
    Ser líder es un enorme trabajo de ventas 199

Sección adicional
    Por qué le pedí a Dave Leong que escribiera
        sobre el Código de Honor 215

El Código de Honor
    por Dave Leong 217

Reporte especial: los préstamos V. A.
    Los préstamos del Departamento
    de prestaciones para veteranos 225

Un fragmento de *Queremos que seas rico*
    por Robert T. Kiyosaki
    ¿De qué manera te ayudó la escuela militar
        a definir tu vida? 241

Acerca el autor 249

Prefacio

Muy posiblemente, la más genuina de las pruebas para definir cuán bien los líderes han preparado a quienes están a su cargo, consiste en la desaparición repentina del líder y la posterior evaluación del desempeño del grupo.

Supongo que la mayoría de los líderes preferirían que una situación tan radical como ésta simplemente no ocurriera pero, en la vida real, a veces «las cosas salen mal». Esto me recuerda una frase de la película *Red Tails:* «La experiencia es una maestra cruel: primero te hace el examen y luego te enseña la lección».

Los líderes relevantes ponen a todos los demás en primer lugar y ellos se ponen en último. Los líderes proactivos se preparan individual y colectivamente para obtener los mejores resultados posibles en las peores condiciones. El infinito ciclo del éxito exige educación y entrenamiento, seguidos de evaluación y más entrenamiento, y que luego todo culmine en la ejecución.

A los catorce años, cuando era *boy scout*, recibí LA MEJOR guía de liderazgo que pude tener. Fue gracias a otro *scout* que tenía un grado mayor inmediato al mío y que, cuando definió mis objetivos para un campamento de dos semanas, me dijo llanamente: «La vida no es un concurso de popularidad, así que sólo sal al mundo y haz lo que tengas que hacer».

Sin embargo, en la vida real el hecho de «salir a hacer lo que uno tenga que hacer» no basta para convertirse en líder. Los líderes de hoy y —lo más importante— del mañana deberán tener visión, adaptabilidad y agallas para tener éxito en un mundo digital lleno de humanos análogos. No obstante, hay un elemento esencial que jamás cambiará: ¡Hay que guiar con el ejemplo!

Robert y yo hemos sido amigos por más de 40 años. Fuimos compañeros de camarote en el barco que aparece en la portada de este libro. Robert escribe con la pasión de un joven *Marine* —un oficial de la Infantería de Marina Norteamericana— y la sabiduría de un empresario experimentado, avezado y exitoso; y aunque no estamos de acuerdo en algunas cosas, ambos creemos, de todo corazón, que «quienes se rinden jamás logran nada», ¡y que la educación constante es fundamental para tener éxito!

Disfruta tu libro y recuerda: Para entender de verdad el liderazgo tienes que dejar de pensar EN TI y pensar en dos conceptos fundamentales: Moral y Ética. ¡Eso es!

Semper Fidelis, Jack Bergman
Teniente General (Retirado),
Infantería de Marina de los Estados Unidos

Un agradecimiento especial

Quisiera presentar y brindarles reconocimiento a dos importantes colaboradores de este libro: Robb LeCount y Dave Leong.

Ambos han servido a su país a través de las fuerzas armadas de Estados Unidos, se unieron al equipo Rich Dad en 2009 y se convirtieron en empresarios para conseguir su libertad financiera.

Robb, antiguo Primer Oficial de Máquinas de la Aviación Naval, juega un importantísimo papel en la forma en que The Rich Dad Company se comunica con el mundo, ya que es el Director de Tecnología de la Información de nuestra empresa. Robb también es inversionista en bienes raíces, tiene varios negocios —entre los que se incluye una empresa de evaluación de software— y actualmente se encuentra trabajando en la creación de una línea de barras nutritivas.

Al final de cada capítulo del libro encontrarás *El Reporte de Robb*. En esta sección Robb compartirá contigo sus opiniones sobre el contenido del capítulo y algunas experiencias personales de los años que sirvió en las fuerzas armadas.

Robb también es responsable de la Sección adicional que encontrarás al final del libro: Reporte Especial de Préstamos del V.A. Así es, a nuestro compañero le apasiona la riqueza a la que tienen acceso los veteranos a través de sus préstamos del V.A., y se ha tomado cierto tiempo para escribir al respecto y compartir lo que ha aprendido.

Robb es estudiante de Rich Dad Coaching y Rich Dad Education, y ha jugado un papel fundamental en la transición de los juegos y libros de Rich Dad —*CASHFLOW 101*; *CASHFLOW* para niños; Padre rico, Padre Pobre vía CLUTCH; *CASHFLOW*

Clásico y *Capital City*—, a la era digital a través de aplicaciones y plataformas de aprendizaje en línea.

Además de ser un infante de marina... Robb es un líder por naturaleza y un valioso integrante del equipo Rich Dad. Le agradezco todo con lo que contribuyó para la creación de este libro.

Dave Leong asistió a la Academia de la Fuerza Aérea de los Estados Unidos en Colorado Springs, Colorado, donde se graduó en 2004 para luego servir como Teniente Primero en la Base Aérea de Balad, en Irak. Dave ha trabajado en varias áreas de The Rich Dad Company y actualmente es Gerente de Mercadotecnia de la división de Aplicaciones móviles. Dave continúa empleando lo que ha aprendido, en la construcción de su boutique de café, sus negocios en línea e inversiones en bienes raíces.

Si tú ya leíste otros libros de la serie Padre Rico, entonces ya sabes que con frecuencia escribo acerca de Blair Singer —asesor de The Rich Dad Company— y de su libro *Team Code of Honor*. Las fuerzas armadas tienen un código de honor y, por esa razón, cuando salí de ellas, la transición más difícil que enfrenté —de militar a civil—, tuvo que ver con el honor y el código o, mejor dicho, con la falta de ambos. Le pedí a Dave que escribiera sobre su experiencia con el Código de Honor de la Academia de la Fuerza Aérea, sobre el tiempo que estuvo en servicio y la forma en la que ahora aplica el código en su vida como civil. Al final de este libro encontrarás su colaboración sobre el Código de Honor.

Estoy seguro de que notarás que las colaboraciones de estos dos hombres reflejan los valores y las enseñanzas que obtuvieron en las fuerzas armadas, así como la forma en que los aplican en sus respectivas vidas en la actualidad. Quiero agradecerles a ambos el tiempo que estuvieron en servicio y su disposición para compartir y enseñar lo que aprendieron.

Introducción
Entrenamiento para la vida

Yo serví en el Cuerpo de Infantería de Marina en la época de la Guerra de Vietnam, sin embargo, no era oficial de carrera ni me retiré de esta institución. A los 47 años tuve la oportunidad de retirarme porque para ese momento ya recibía ingresos suficientes de mis negocios e inversiones, pero no tenía ningún tipo de ingreso de una carrera o empleo.

Estoy seguro de que hay mucha gente que ha sido capaz de retirarse pero debo señalar que en mi caso se debió, en gran parte, a mi entrenamiento militar.

A mí me encantaba la escuela de vuelo militar porque ahí nos inspiraban a enfrentar nuestros miedos todos los días. Aunque muchos otros estudiantes lo hicieron, yo no me inscribí en la escuela de vuelo para recibir un cheque constante o las prestaciones que acompañan a la jubilación temprana. Cabe señalar que los infantes de marina de carrera reciben todo esto porque son empleados del gobierno de los Estados Unidos.

Yo estaba en la Infantería de Marina y en la escuela de vuelo porque quería recibir inspiración y prepararme para la guerra. Nuestros instructores nos forzaron a practicar «maniobras de emergencia» en todos los vuelos que hicimos en lugar de enseñarnos a buscar seguridad. En vez de enseñarnos a tener esperanza y a rezar para que las cosas salieran bien, los instructores dañaban las naves a propósito. A veces incluso apagaban el motor para forzarnos a confrontar nuestro miedo, mantenernos tranquilos y seguir volando. Ése fue el entrenamiento perfecto para una vida en el mundo de los negocios.

Mucha gente tiene problemas financieros porque permite que sus emociones controlen su vida. En lugar de enfrentar sus miedos, se esconden de ellos. Así como muchos empleados se ocultan bajo el cobijo del cheque constante y el empleo seguro.

Yo me uní a la Infantería de Marina para luchar por el capitalismo y derrotar al comunismo pero cuando regresé de Vietnam encontré que el espíritu de Estados Unidos estaba muriendo debido a la creciente mentalidad del derecho a los subsidios. De hecho, encontré más comunistas aquí que en los campos de Vietnam.

Estoy escribiendo este libro para sacudir a Estados Unidos. Si alguien puede salvar este país, son quienes juraron protegerlo y han peleado por él. No solamente es nuestro deber, también es para lo que nos entrenaron.

Este libro te mostrará que los ocho principios de nuestro entrenamiento militar son los mismos principios esenciales para ser un empresario exitoso. Los hombres y mujeres de las fuerzas armadas tienen un espíritu increíblemente fuerte, y ese espíritu es lo que le permitirá a nuestro país girar y llevarnos de vuelta al capitalismo que constituye su base.

Primera parte

★ ★ ★ ★ ★

LLAMADO AL DEBER

Capítulo uno

Misión crucial

Me rompe el corazón leer sobre los veteranos que regresan de Irak y Afganistán y no encuentran empleo.

Me rompe el corazón ver a jóvenes veteranos y guerreros heridos enfrentar el resto de su vida sin piernas o brazos, o discapacitados de otras formas.

Me rompe el corazón darle unos cuantos dólares a un veterano, compañero de la Guerra de Vietnam, parado en una esquina con la cabeza agachada, pidiendo comida o dinero.

Y me rompe el corazón que muchas familias de militares tengan que sobrevivir con los cupones para alimentos y otros apoyos del gobierno porque no ganan lo suficiente para comer.

La necesidad de que haya empresarios

Este libro fue escrito para todo aquel que ya es empresario o sueña con convertirse en uno algún día.

También fue escrito para los hombres y las mujeres que prestan sus servicios actualmente o alguna vez pertenecieron a las fuerzas armadas, porque ya pasaron por un proceso educativo único y riguroso, esencial para todos los empresarios.

Como seguramente ya sabes, nueve de cada diez negocios nuevos fracasan en los primeros cinco años. Entre esos «sobrevivientes», nueve de cada diez fracasan en los cinco años siguientes.

La razón principal del fracaso de los nuevos empresarios es, sencillamente, su falta de *entrenamiento* y de las *fortalezas* esenciales que se requieren para soportar el rigor de ser empresario. Algunas personas le llaman *agallas*, otras, *perseverancia*. En las fuerzas armadas podría decirse de esta forma: «Ponte de pie, levanta tu trasero, deja de sentir pena por ti mismo, deja de hacer berrinches, deja de chuparte el pulgar y vuelve a empezar. Seguramente hasta tu madre se avergüenza de ti porque es más fuerte que tú». Bueno, creo que me entiendes.

Otra razón importante por la que la mayoría de los empresarios fracasan, es que nuestro sistema educativo nos entrena para ser *empleados*, no *empresarios*. Y el mundo de un empleado es muy distinto al de un empresario y la gran diferencia la hacen los *cheques de nómina*. Si un empleado no recibe su «cheque de nómina», renuncia y busca un empleo nuevo. Los empresarios deben ser suficientemente duros para operar sin un «cheque de nómina», a veces durante años.

A menudo, en el mundo de los «pequeños negocios» —a los que a veces se les llama «negocitos familiares»—, ya tomando en cuenta el número total de horas trabajadas, los empresarios ganan menos por hora que sus empleados. En la mayoría de este tipo de negocios la labor más importante del empresario tiene lugar una vez que en el negocio ya terminó la jornada. A esta labor se le llama *papeleo*...

y tiene que ver con el trabajo que se lleva a cabo tras bambalinas y que mantiene al negocio en operación, como requisitos de cumplimiento, facturación y cobro, tareas de contabilidad y cálculo de impuestos.

Cuando los empleados se van de vacaciones olvidan sus obligaciones en la oficina, pero cuando los empresarios salen de vacaciones, se llevan al negocio con ellos.

Si el negocio tiene problemas o sufre un colapso, el empleado puede simplemente alejarse y buscar un nuevo empleo, pero el trabajo del empresario empieza justamente en ese instante. Cuando el negocio colapsa, hay que salir cavando entre los escombros de algo similar a un edificio colapsado por un ataque aéreo. El daño, la matanza, las pérdidas y los litigios pueden dejar enterrado a un empresario por años. Muchos no se recuperan nunca y sufren de la versión empresarial del trastorno por estrés postraumático.

Muchos «expertos» dicen que «Los empresarios fracasan porque están *subcapitalizados*», es decir, porque no tienen suficiente dinero o acceso al mismo para mantener el negocio a flote. El miedo a estar «subcapitalizado», la falta de dinero y la ausencia de un cheque de nómina constante es lo que obliga a mucha gente a aferrarse a la seguridad que, supuestamente, ofrece el ser empleado.

Yo adopté una postura diferente. En mi opinión, no se trata de falta de *capital*, sino de educación empresarial, experiencia de negocios en el mundo real y agallas. Si llegas a conversar con empresarios exitosos, seguramente te confesarán que siempre están «subcapitalizados», que nunca tienen suficiente dinero para enfrentar todas sus obligaciones financieras como empresarios y, mucho menos, el capital necesario para sostener el crecimiento de sus negocios. Sin embargo, de alguna manera, los verdaderos empresarios siempre se mantienen avanzando. Luego, un buen día, algunos comienzan a recibir dinero a carretadas, pero realmente eso puede tomar muchos años. Por eso siempre me resulta gracioso escuchar a la gente que dice «Ay, fulanito tuvo suerte» o «Tal persona tuvo éxito *de la noche a la mañana*». Muy poca gente conoce o valora la verdadera historia detrás de un éxito empresarial.

Por todo lo anterior, creo que los hombres y las mujeres de las fuerzas armadas tienen el entrenamiento y las fortalezas esenciales para ser empresarios. En muchos casos, fueron entrenados para «hacer lo imposible», en tanto que la mayoría de los graduados universitarios sólo recibió el entrenamiento necesario para «encontrar empleo» y ya.

Las diferencias de carácter entre quienes fueron preparados para hacer lo imposible —los que están dispuestos a pagar un precio al que a menudo se le llama *el sacrificio mayor*—, y los que sólo recibieron entrenamiento para «buscar un empleo bien pagado con buenas prestaciones», son muy contrastantes.

Mi carrera militar empezó en la Academia de la Marina Mercante de los Estados Unidos, en Kings Point, Nueva York, una escuela considerada de las mejores del mundo en lo que se refiere a liderazgo. En 1965 recibí nominaciones del congreso —de parte del Senador estadounidense Daniel K. Inouye, ganador de la Medalla de Honor— tanto para la Academia Naval como para la Academia de la Marina Mercante de los Estados Unidos.

Al final acepté el nombramiento en Kings Point. La misión de esta escuela es entrenar líderes para la industria marítima y, por lo tanto, es posible encontrar a sus graduados trabajando en operaciones en puertos de todo el mundo, como capitanes de cruceros de pasajeros, buques de carga, buques contenedores, buques petroleros y barcazas. Algunos graduados, como fue mi caso, optan por prestar sus servicios en la Armada de los Estados Unidos, la Infantería de Marina o la Guardia Costera.

En la industria del transporte marítimo, se considera que un graduado de Kings Point tiene el mismo pedigrí que uno de West Point en la Armada de los Estados Unidos. Cuando yo me gradué, en 1969, los egresados de Kings Point estaban entre los mejor pagados de todo el mundo y eso se debía a que, aunque era una escuela militar, la Academia estaba bajo la dirección del Departamento de Comercio, no del de Defensa.

Después de graduarme de Kings Point fui aceptado en la Escuela de Vuelo de la Armada de los Estados Unidos en Pensacola, Florida, y volé para la Infantería de Marina en Vietnam. Estoy completamente seguro de que, de no haber sido por mi entrenamiento militar, no habría tenido éxito como empresario.

¿QUÉ ES HACER TRAMPA?

En las escuelas tradicionales nos entrenan para hacer los exámenes de manera individual. Si colaboras con alguien más para contestarlos, estás *haciendo trampa*.

En la Academia, en la escuela de vuelo y en la Infantería de Marina, sin embargo, nos entrenan para cooperar y, por lo tanto, muchos de los exámenes que hacemos los contestamos en equipo. Incluso los francotiradores de la marina tienen un observador, es decir, alguien que «toma las decisiones».

Una de las cosas que me encantaban de ser piloto de un helicóptero de combate, era que mi «mecánico» —también conocido como «jefe de tripulación»—, volaba conmigo. Así, todos dependíamos de todos.

Este nivel de cooperación rara vez lo encuentro entre los individuos que trabajan en corporaciones. El estilo de liderazgo de la mayoría de los ejecutivos corporativos se puede resumir de la siguiente manera:

«Estoy tratando de ser el #1.»

O:

«Haz lo que te digo o te despido.»

Dicho de una manera sencilla, los líderes militares lideran a través de la *misión* y los corporativos a través del *dinero*.

Cuando conozco empresarios que no tienen entrenamiento militar, noto que casi todos le dan mayor importancia a los «cheques de nómina» y a las «opciones de acciones» en lugar de a la «misión». Los integrantes de sus equipos seguirán haciendo lo que el líder quiera, siempre y cuando los cheques de nómina sigan llegando.

Cualquier persona que haya estado en combate podría decirte que en cuanto una situación se pone más peligrosa, el equipo se vuelve más fuerte.

Sin embargo, en la mayoría de los negocios sucede lo contrario: el trabajo en equipo se viene abajo cuando la situación se vuelve delicada. Cada vez que surgen problemas, los civiles preparan sus bayonetas y, con frecuencia, se apuñalan unos a otros por la espalda.

Lo que hace que éste sea diferente a los otros libros escritos para quienes aspiran a convertirse en empresarios, es que se enfoca en fortalezas fundamentales y habilidades de liderazgo porque... todos los empresarios deben ser líderes.

El *New York Times* publicó esta cita del soldado Michael Armendariz-Clark del Cuerpo de Infantería de Marina de los Estados Unidos (USMC), el 20 de septiembre de 2001: «Cuando nosotros nos alistamos, conocíamos el riesgo. La gente inocente de Nueva York, sin embargo, no fue a trabajar con la idea de que corría algún peligro».

Esta cita se puede aplicar a todos los empresarios y a cualquier persona que quiera convertirse en uno. Es obvio que los empresarios deben correr riesgos... precisamente los mismos que los empleados *evaden*.

Liderazgo diferente

En una ocasión, volando sobre un campo de batalla en Vietnam, noté algo que me alarmó:

Nos estaban pateando el trasero.

En lugar de luchar, las tropas sudvietnamitas —las nuestras—, estaban huyendo mientras el Viet Cong y las tropas del norte les disparaban, literalmente, por la espalda.

Durante la reunión para entregar nuestros reportes, ya de vuelta en la aeronave de transporte, le pregunté a mi comandante: «¿Por qué los vietnamitas enemigos pelean con más ganas que *nuestros* vietnamitas?». Pero como podrás imaginarte, mi pregunta no tuvo respuesta.

En el mundo de los negocios suele suceder lo mismo. Muchos líderes empresariales creen que el liderazgo consiste sólo en decirle a la gente qué hacer, pagarles más a sus empleados, amenazar con pagarles menos o despedirlos.

Otros líderes tienen el poder de generar fanáticos, como es el caso de Steve Jobs, quien logró formar seguidores de Apple, es decir, clientes que le juran devoción y lealtad infinita a la marca y continúan comprando sus productos siempre. Piénsalo de esta manera: Apple no tiene que vender sus productos porque sus leales clientes simplemente los siguen comprando.

Si quieres ser un gran líder empresarial, es importante que conozcas las diferencias entre vender y comprar; entre inspiración y motivación.

En mi primer escuadrón en Vietnam, mi primer Comandante nos inspiró a volar y a luchar. La mayoría de los pilotos jóvenes lo adorábamos. Incluso habríamos muerto por él.

En otro escuadrón, esos mismos pilotos —yo entre ellos—, odiábamos al Comandante. No confiábamos en él ni le creíamos nada de lo que decía. Era un hombre que nos manipulaba e intimidaba para que hiciéramos lo que él quería. Yo no habría seguido a ese líder ni siquiera a la letrina.

En la película *Corazón valiente* de 1995, Mel Gibson interpreta a William Wallace, caudillo revolucionario que formó parte de la revuelta popular escocesa por la independencia. Hay una escena en la que Robert I Bruce, futuro rey de los escoceses (interpretado por Angus MacFayden), le hace a su padre una pregunta similar a la que le hice a mi Comandante. Robert I Bruce quería saber por qué William Wallace y sus tropas luchaban con más ganas sin necesidad de recibir recompensas a cambio y a pesar de no tener comida, dinero ni refugio. Robert I Bruce también dijo que él tenía que forzar a sus tropas a luchar, y que para motivar a sus hombres a pelear por él tuvo que amenazarlos con quitarles sus tierras e incluso con dañar a sus esposas e hijos.

Robert I Bruce quería saber exactamente lo mismo que yo cuando hice la pregunta «¿Por qué los vietnamitas enemigos pelean con más ganas que *nuestros* vietnamitas?», pero la verdad es que yo ya tenía una teoría al respecto...

Algunos líderes dirigen por medio de la intimidación y otros con la inspiración como base. Tu misión consiste en decidir qué tipo de líder quieres ser.

Liderazgo corporativo vs. Liderazgo militar

Ingresar al mundo corporativo en 1974 fue todo un choque cultural para mí porque llevaba nueve años en el ámbito militar —cuatro en la Academia y cinco en el Cuerpo de Infantería de Marina— y, de hecho, me tomó aproximadamente un año entender la diferencia entre el mundo militar y el corporativo, así como distinguir entre sus estilos de liderazgo.

Tiempo después, sin embargo, empecé a reconocer y entender las diferencias: en el ámbito militar el liderazgo es interno y en el corporativo, externo.

En la milicia, la cultura de liderazgo comienza cuando el nuevo recluta entra al campo de entrenamiento o cuando el futuro oficial ingresa a la escuela de candidatos o a una academia de servicio. La cultura militar se les inculca a todos los enlistados noche y día, ya sean hombres o mujeres, incluso a los candidatos a oficiales. Si el nuevo recluta no es adecuado para la cultura, lo expulsan.

Los líderes militares que obtienen ascensos siempre provienen del interior de la organización, no del exterior; vienen de las filas. Dicho de otra manera, el Cuerpo de Infantería de Marina jamás podría tener un Comandante que no fuera un *Marine*.

En el mundo civil, sin embargo, los líderes vienen con frecuencia del exterior. El empleado nuevo tiene una breve entrevista, luego le enseñan dónde está su escritorio, y después tiene que empezar a hacer su trabajo.

En el mundo corporativo es común que se contrate a directores generales que vienen de fuera y, por lo mismo, casi nunca conocen la cultura de la organización que se espera dirijan. En muchos casos, lo único que tienen en común los líderes y los empleados es que todos trabajan para la misma empresa.

Ahora que soy empresario y dirijo mis propios negocios, me enfoco en el liderazgo interno. Por ejemplo, como The Rich Dad Company es una empresa educativa, tenemos una cultura corporativa que privilegia la educación y el aprendizaje. Todos los que formamos parte de la empresa leemos, analizamos y discutimos artículos o temas que nos mantienen en contacto, actualizados y conscientes de los sucesos financieros que afectan a nuestros clientes, nuestras familias y nuestro mundo. Y esto lo hacemos semana con semana.

En mi empresa estudiamos temas como: Bienes raíces vs. Acciones; economía keynesiana; Patrón oro vs. Dinero de papel; impuestos y pánicos financieros. En resumen, The Rich Dad Company practica lo que predica y lo que le enseña a la gente a la que ofrece sus servicios.

No sabes lo difícil que puede ser organizar este sencillo acto cultural en el cual nos damos tiempo para que todos los integrantes de The Rich Dad Company sean estudiantes pero, después de todo, somos una empresa dedicada a la educación y ésa es la cultura que debemos inculcar y apoyar. Algunos líderes que formaron parte de la empresa anteriormente (y que, irónicamente, llegaron del exterior), sólo organizaban reuniones para decirle a la gente lo que debía hacer. No había educación ni aprendizaje, y la comunicación en ambos sentidos resultaba muy limitada. El liderazgo era del exterior, no del interior pero, finalmente, se pidió a esos líderes que cambiaran su forma de trabajar o se fueran.

Otro ejemplo de la cultura de Padre Rico que tenemos en The Rich Dad Company, es la motivación que se da a todos los empleados para volverse empresarios y comenzar su propio negocio. En nuestra empresa nadie tiene miedo de que lo despidan por ser empresario de medio tiempo. A todos los empleados los animamos a solicitar asesoría a nuestro director ejecutivo, a nuestro presidente, a Kim —mi esposa—, incluso a mí, sobre cómo construir y hacer crecer un negocio. Tenemos empleados que ya están haciendo negocios de inversiones en bienes raíces, de filmes de entretenimiento y documentales, hasta de ventas por internet. Nuestra prioridad es practicar en nuestra propia empresa lo que predicamos.

Todas las personas que han prestado sus servicios en las fuerzas armadas saben que las ramas militares son organizaciones educativas. En este tipo de organizaciones todos aprenden de manera constante: los hombres y mujeres enlistados, incluso los oficiales de mayor edad. La cultura militar es una cultura de la educación, empezando desde el primer día.

En el mundo de los negocios civiles, las cosas son muy distintas. Recuerdo que cada vez que llegaba a un encuentro «educativo» en el que la gente de la empresa sólo iba a pasársela bien en una fiesta o a jugar golf en lugar de aprender, me enojaba muchísimo.

Si quieres ser un empresario exitoso, te sugiero adoptar de corazón la cultura militar de la educación y el entrenamiento constantes, y que infundas esa cultura a tu negocio. Tal vez te tome algún tiempo porque la mayoría de los civiles cuentan con educación escolar pero nunca han trabajado en el marco de una cultura de educación y entrenamiento constantes.

Si tú puedes infundirle este tipo de cultura a tu organización, lograrás que quienes la dirijan lo hagan desde el interior y sean el tipo de gente que de verdad trabaje para que el negocio funcione, y de esta forma no la dejarás en manos de ejecutivos que sólo dirigen desde el exterior.

Este libro lo escribí como una guía que te preparará para manejar los riesgos así. Y para quienes han prestado sus servicios en las fuerzas armadas, tengo buenas noticias: ustedes ya cuentan con la educación, el entrenamiento, las fortalezas fundamentales, la *voluntad espiritual* y el *sentido de misión* requeridos para soportar el rigor que implica ser empresario. Pero si lo que quieren es una garantía de éxito, un cheque de nómina constante y prestaciones, tal vez sea mejor que conserven su empleo de costumbre.

Todavía hay otra razón por la que escribí este libro. Creo que Estados Unidos y el mundo enfrentan un problema masivo de desempleo y subempleo.

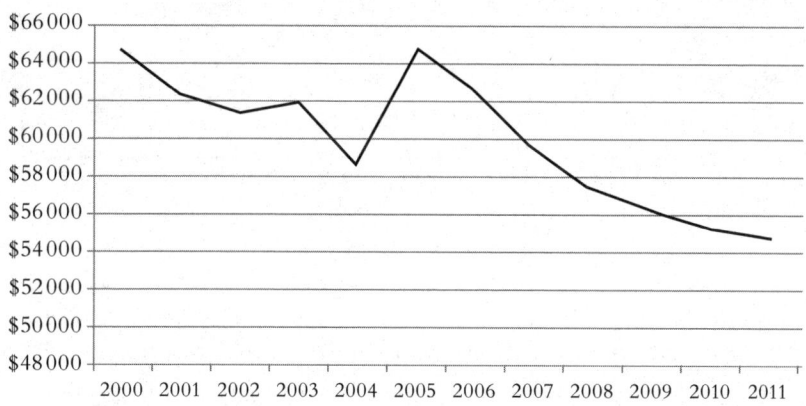

Seguimos cayendo: ingresos promedio de los jóvenes graduados universitarios *
(En una constante de dólares de 2011)

*Ingresos promedio de trabajadores de tiempo completo de entre 25 y 34 años con título de licenciatura exclusivamente
Fuente: Census Bureau, PPI

Debido al aumento de desempleo juvenil, actualmente tenemos una «generación perdida» global, una generación de jóvenes de entre 18 y 35 años que pierde una oportunidad crucial de obtener experiencia en la vida real porque están desempleados o estancados en un empleo que no representa un desafío para ellos. Y lo más probable es que muchos de los jóvenes de esta «generación perdida» continúen batallando por el resto de sus vidas.

¿Se va a repetir la historia?

En seguida encontrarás una gráfica de un tiempo muy oscuro de la historia mundial. En ella se muestra la relación entre el alza en el desempleo en Alemania y el ascenso del partido nazi.

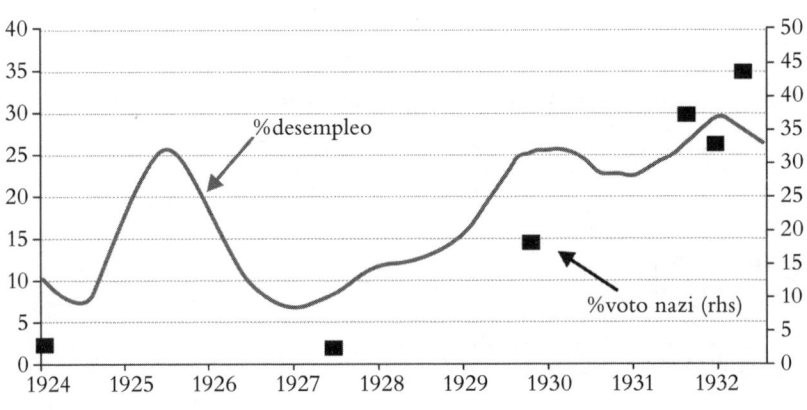

El desempleo alemán y el voto nazi

Fuente: *SG Cross Asset Research,* GFD

Adolfo Hitler fue elegido como canciller de Alemania en 1933 y aproximadamente 80 millones de personas perdieron la vida. La Segunda Guerra Mundial, que tuvo lugar entre los años 1939 y 1945, fue un conflicto de la Era industrial en el que participaron los países ricos con poder industrial.

Actualmente tenemos el terrorismo, que es una guerra de la Era de la información, dirigida por gente enojada (y con frecuencia pobre), que tiene acceso a tecnología de bajo costo y alto desempeño. Hoy en día, un terrorista con carisma y habilidades de liderazgo puede armar su propia fuerza militar a través de Facebook, Twitter e Instagram. Los teléfonos celulares pueden ser más poderosos que las armas nucleares y el terrorismo de la Era de la información se puede propagar con rapidez y crecer de una forma virtualmente invisible.

A esta información, añádele los siguientes datos: en 1970 Estados Unidos tenía el índice más alto de graduados de preparatoria del mundo, hoy en día el índice es bajísimo y, de hecho, nos encontramos en el lugar número 23 de 28 países.

Aunque algunos de los estudiantes que abandonan la escuela antes de terminar llegan a tener vidas maravillosas, a largo plazo un alto porcentaje termina sin empleo, sin hogar, dependiendo de la ayuda del gobierno o en la cárcel.

Ésta es la razón por la que fundé The Rich Dad Company y me convertí en maestro de educación financiera. Y como es muy difícil ser empresario si no se cuenta con este tipo de educación, me convertí en un empresario que enseña *al margen* del sistema escolar.

ESTADOS UNIDOS EN LA ACTUALIDAD

Ahora observa la gráfica del desempleo a largo plazo en Estados Unidos en la actualidad.

Ya no tenemos un Adolfo Hitler pero sí un incremento en el terrorismo y el miedo alimentado por el alza en los precios de los alimentos y el creciente desempleo juvenil.

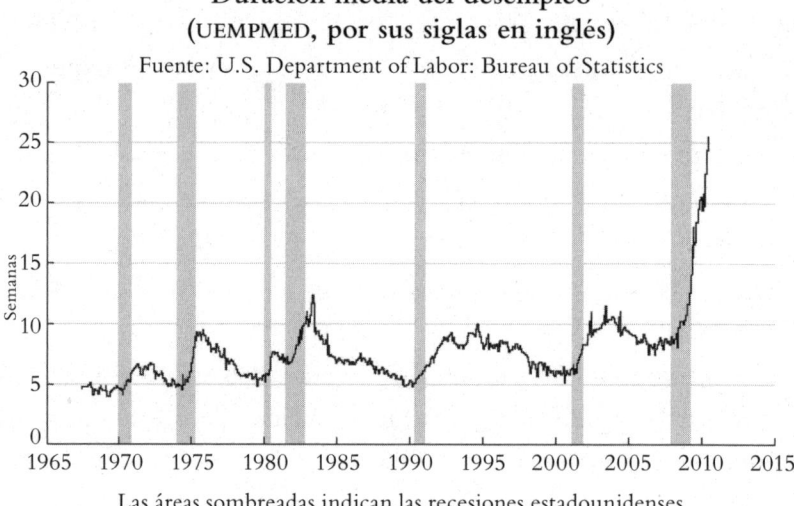

La importancia de los verdaderos empresarios radica en que ellos son los únicos que pueden generar empleos y prosperidad legítimos.

¿QUIÉN ESTÁ *ANIQUILANDO* *NUESTROS EMPLEOS?*

Mientras los veteranos de guerra servían al país, los líderes corporativos estaban ocupados «subcontratando» gente, es decir, enviando los empleos al extranjero, «tercerizando».

Como una imagen vale más que mil palabras, voy a dejar que las siguientes «imágenes» te cuenten la historia de la libertad que defendimos.

El siguiente encabezado da mucho que pensar: "Las corporaciones más importantes de Estados Unidos tercerizaron más de 2.4 millones de empleos en la última década".

Esta gráfica nos cuenta lo que sucedió:

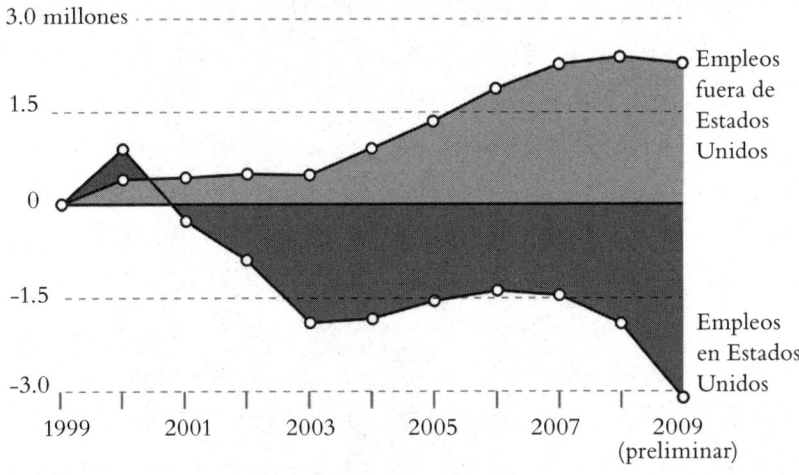

Como viste en la gráfica anterior, la recesión económica ha tenido poco impacto en el patriotismo del sector corporativo de Estados Unidos. Los empresarios, efectivamente, están contratando, pero no a trabajadores estadounidenses.

En 2009 los representantes de muchas de las corporaciones más poderosas del país asistieron a la Conferencia de Subcontratación Estratégica (Strategic Outsourcing Conference) para hablar de las estrategias de envío de los empleos estadounidenses al extranjero. Los organizadores de la conferencia encuestaron a los más de setenta ejecutivos *senior* que asistieron y les hicieron preguntas sobre el comportamiento de sus empresas frente a la recesión. La mayoría dijo que, en respuesta a la recesión económica, las empresas incrementaron la subcontratación o tercerización, y solamente el 9 por ciento declaró haber dado por terminados algunos de sus acuerdos de subcontratación.

La siguiente gráfica nos cuenta la misma historia:

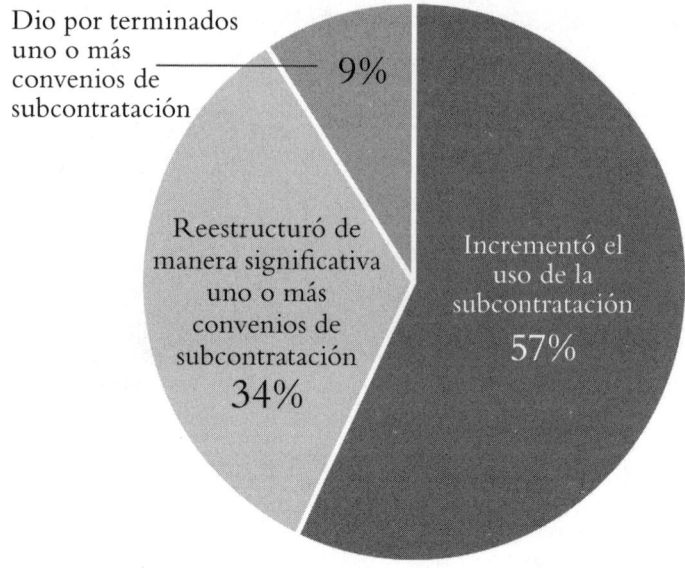

En respuesta a la recesión económica del año pasado, nuestra empresa...

- Dio por terminados uno o más convenios de subcontratación 9%
- Reestructuró de manera significativa uno o más convenios de subcontratación 34%
- Incrementó el uso de la subcontratación 57%

De acuerdo con las investigaciones, el objetivo principal de la subcontratación fue «la reducción de costos de operación» y sólo un porcentaje relativamente pequeño (poco más de 10 por ciento) expresó que había subcontratado para tener «acceso a habilidades de clase mundial». Esto significa que las compañías subcontrataron para ahorrar dinero, no para manufacturar mejores productos.

PÉRDIDA DE INGRESOS POR CONCEPTO DE IMPUESTOS

La siguiente gráfica ilustra la razón por la que los gobiernos estatales están en números rojos. Cada vez que los empleos se fugan de un estado, los ingresos por concepto de impuestos sufren un decremento.

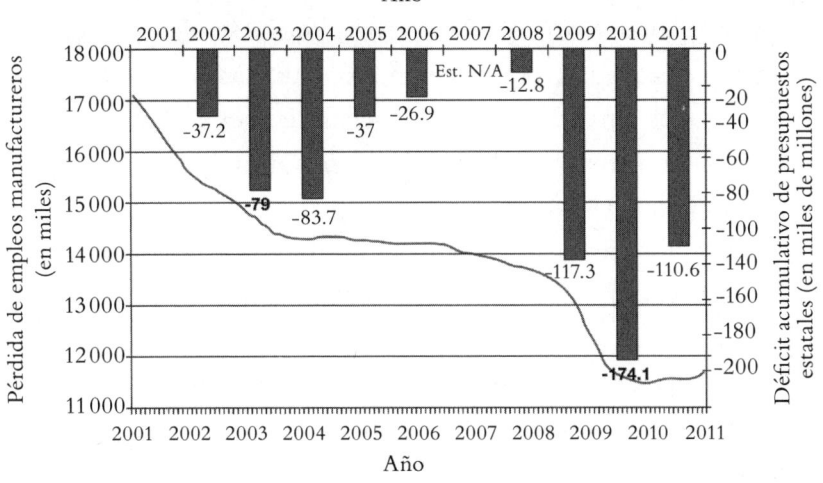

Fuente: *States:* NCSL, *Manufacturing Jobs:* BLS

Desgraciadamente, para algunas empresas no es suficiente con enviar los empleos estadounidenses al extranjero; claro, también quieren traer las ganancias de vuelta al país, y pagar la menor cantidad posible de impuestos. A principios de la década, 26 por ciento de la fuerza laboral de Cisco Systems estaba en el extranjero; esta cifra aumentó a 46 por ciento hoy en día, y ahora la empresa está involucrada en una campaña de cabildeo llamada «Win America» que promueve una fecha de repatriación de impuestos que le permitiría a las grandes corporaciones «traer a los Estados Unidos el dinero que almacenaron en el extranjero, con el goce de una tasa de interés extremadamente baja».

SOLICITAMOS TUS SERVICIOS DE NUEVO

Como te habrás dado cuenta gracias a estas gráficas, tus servicios han vuelto a ser necesarios… pero esta vez en casa. Estados Unidos está en problemas: necesita empleos y los gobiernos no pueden generar trabajos legítimos. El mundo realmente necesita empresarios de verdad porque sólo ellos generarán empleos sustentables y prosperidad perdurable y verdadera.

Dicho llanamente, cada vez que el gobierno genera empleos, los impuestos aumentan; cuando los impuestos aumentan, la vida se hace más costosa, la gente y nuestra economía sufren y el país se debilita aún más. En cambio, cuando los empresarios generan empleos, esos empleos generan impuestos, la deuda disminuye, la exportación aumenta y el país se fortalece.

En este libro les estoy pidiendo a los hombres y mujeres que ya prestaron servicio, que vuelvan a servir pero esta vez en casa... y como empresarios. Creo que los hombres y mujeres de nuestras fuerzas armadas tienen las cualidades y entrenamiento específico que les permitirán ser grandes empresarios.

La forma en que las fuerzas armadas entrenan empresarios de excelencia

La palabra «educación» es muy amplia e incluye algo más que lectura, escritura y matemáticas.

El problema de la educación tradicional es que las escuelas se enfocan en enseñarle al cerebro y nosotros no somos cerebros, somos seres humanos.

A continuación verás un diagrama de la educación para todo el género humano. En él se incluyen las cuatro distintas inteligencias.

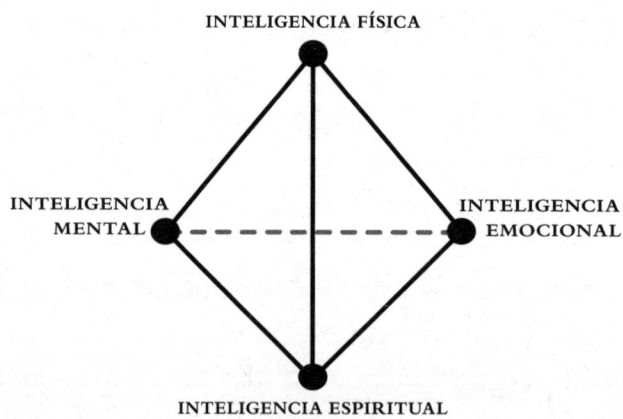

Como ya sabemos, todos los seres humanos son diferentes. Tan sólo en una misma familia puede haber cuatro niños asombrosamente distintos a pesar de ser hijos de los mismos padres. Incluso los gemelos son *seres* independientes.

Para que *la verdadera educación* funcione, tiene que inspirar a las cuatro inteligencias. El *aprendizaje* legítimo exige que las cuatro estén involucradas. Aprender a jugar golf, por ejemplo, requiere de todas las inteligencias. Cualquiera que haya jugado golf sabe que se requiere inteligencia física, mental, emocional y espiritual.

De nuevo, el problema de la educación tradicional es que la escuela se enfoca principalmente en la inteligencia mental y casi no le presta atención a las otras.

Inteligencia física

La *inteligencia física* está en la parte superior de este diagrama porque *todo el aprendizaje es físico*. En el caso de un niño que está dando sus primeros pasos, por ejemplo, el proceso de aprendizaje depende más de la inteligencia física que de la emocional. Los procesos escolares para aprender a leer, escribir y hacer operaciones matemáticas son primordialmente físicos porque, de la misma manera que sucede cuando el niño aprende a caminar, el estudiante tiene que *hacer* algo físico.

El Cono del Aprendizaje

En 1969 Edgar Dale, psicólogo de la educación, publicó el cono del aprendizaje cuya imagen se incluye en la página siguiente. Por favor date algo de tiempo para familiarizarte con los conceptos que presenta el doctor Dale.

El Cono del aprendizaje

Después de dos semanas recordamos		Clase de participación
90% de lo que decimos y hacemos	Vivir la experiencia	Activa
	Simular la experiencia	
	Hacer una dramatización	
70% de lo que decimos	Dar una plática	
	Participar en una discusión	
50% de lo que escuchamos y vemos	Ver cómo se realiza la actividad en su entorno real	Pasiva
	Ver una demostración	
	Asistir a una exposición	
	Ver una película	
30% de lo que vemos	Ver imágenes	
20% de lo que escuchamos	Escuchar palabras (Conferencia)	
10% de lo que leemos	Leer	

Fuente: Cono del Aprendizaje adaptado de Dale (1969).

Como habrás notado, en la base del Cono del Aprendizaje se encuentran la lectura y la escritura —actividades principales de la mayoría de las escuelas—, que son las maneras menos eficaces para que un estudiante retenga lo que le enseñan.

En la parte superior del cono aparecen las simulaciones y la vivencia de la experiencia, que son las maneras más eficaces de aprender. En otras palabras, aprendes más cuando haces algo. Lo diré de otra manera: Es casi imposible aprender a caminar o a jugar golf tan sólo con leer un libro o escuchar una conferencia.

Lo peor de todo es que nuestras escuelas castigan a los estudiantes por cometer errores. Es el equivalente a castigar a un bebé por caerse o a un golfista por hacer un mal tiro. Si el estudiante no comete errores, el aprendizaje se retrasa.

A la inteligencia física también se le conoce como *memoria muscular* y se localiza en el cuerpo. Por ejemplo, una persona que aprende a jugar golf debe repetir, repetir y volver a repetir distintos tiros, y cometer un error tras otro hasta que los músculos recuerden el proceso físico adecuado.

De acuerdo con el Cono, el segundo nivel más alto de aprendizaje se logra con la *simulación*. En los deportes se le llama *práctica*, en las artes se le llama *ensayo* y en la ciencia, *experimento*.

Los lectores que han formado parte de las fuerzas armadas entienden bien la importancia de la *simulación* porque ésa es la forma en que se enseña y se entrena en las instituciones militares. En la escuela de vuelo de Pensacola, por ejemplo, los estudiantes que quieren ser pilotos pasan casi la misma cantidad de tiempo *practicando colisiones* que *volando*. Después de que me dieron mis alas, me quedé de base en Camp Pendleton, en California, para recibir el entrenamiento en armamento avanzado y cohetes que necesitaba para ir a Vietnam. Y una vez más, en cada vuelo de entrenamiento practicamos con simulaciones de colisiones, falla del equipo y otro tipo de emergencias. Yo sigo vivo hasta ahora porque aprendí a volar un helicóptero con y sin motor, pero la verdad es que jamás habría aprendido ni siquiera a volar si sólo hubiera asistido a conferencias, leído libros y seguido teniendo miedo a chocar. Todas esas horas que pasé en el simulador fueron necesarias.

Los grandes atletas tienen el don de la inteligencia física pero incluso los más talentosos deben «practicar, practicar y practicar» y cometer un error tras otro hasta que surja su genio físico.

A mí me gusta pensar que la palabra genio se refiere al hecho de que en nuestro interior hay un genio mágico o un gran mago. Cuando el genio del atleta profesional florece, produce magia en el campo de juego, crea éxito y, con mucha frecuencia, permite que los bolsillos del atleta comiencen a llenarse de grandes cantidades de dinero.

En la educación tradicional, por otra parte, cada vez que un niño comete un error, lo castigan. Por eso muchos estudiantes se gradúan pero sólo después de haber memorizado todas las respuestas «correctas» y haber pasado años aterrados de cometer errores pero sin ser capaces de hacer gran cosa en realidad. Los estudiantes aprenden a no cometer errores en lugar de practicar con sus «fallas» y aprender de ellas.

Igualmente, al estudiante que comete demasiados errores se le califica de *lento* o *estúpido* pero, en la vida real, quien comete más errores y aprende de ellos, es el que llega a ser *exitoso*.

Creo que muchas de las personas que han servido en las fuerzas armadas tienen el potencial para convertirse en empresarios exitosos porque, independientemente de la rama de servicio, las fuerzas armadas ponen absolutamente a todos a prueba en lo físico, emocional, espiritual y mental, y llevan la experiencia hasta el punto de quiebre. Todas las personas que pasan por el «entrenamiento del recluta» saben que en las fuerzas armadas primero te hacen colapsar y te quiebran para luego fortalecerte usando las cuatro inteligencias y así reconstruirte como un ser humano más fuerte.

Muchos civiles se pasan la vida tratando de evitar que los «quiebren» y por eso creo que hay tanta gente que es inteligente o fuerte en el aspecto intelectual —estudiantes de «10» o sabelotodos técnicos— pero es débil en una o más de las otras inteligencias.

Cuando un recluta *se sale* del sistema no sólo fracasa mentalmente, también lo hace en varias, si no es que en todas las otras inteligencias. John F. Kennedy, presidente y héroe de la Segunda Guerra Mundial, dijo:

> *Un joven que no tiene lo que se necesita para desempeñarse en el servicio militar probablemente tampoco tiene lo que se necesita para ganarse la vida. Entre los rechazados de las fuerzas armadas se encuentran los desempleados acérrimos del mañana.*

Estadísticas de desempleo

Después del colapso de bienes raíces y de la bolsa de valores de 2007, el desempleo llegó a su nivel más alto de todos los tiempos, y eso incluyó el desempleo juvenil.

La siguiente gráfica muestra los índices de desempleo en Estados Unidos. Aquí notarás que hay diferencias entre las estadísticas oficiales del gobierno y las independientes conocidas como *Shadowstats*. SGS significa Shadow Government Statistics (Estadísticas del Gobierno sacadas del *blog* Shadowstats) y BLS significa Bureau of Labor Statistics (Oficina de Estadísticas Laborales).

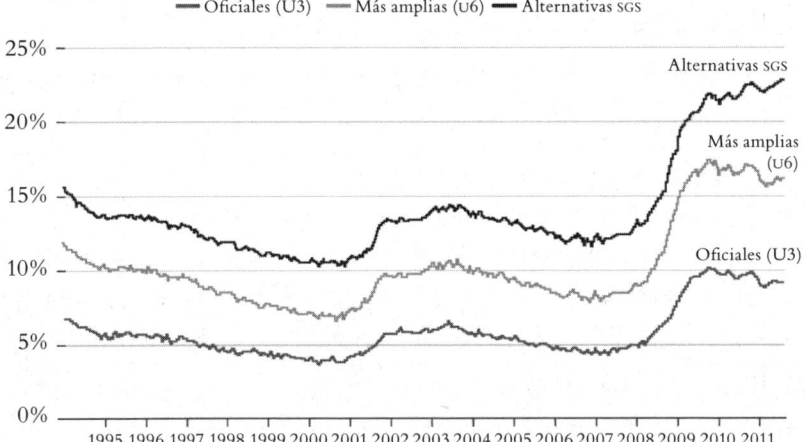

¿Qué prefieres creer?

El desempleo aumenta debido a muchas razones. Una de ellas es que los empleos se están yendo al extranjero, a países con salarios más bajos. Otra razón, que la tecnología remplaza a los trabajos de una manera similar a cuando los automóviles remplazaron a los caballos. Hoy en día es necesario que nuestros trabajadores vuelvan a recibir entrenamiento, vuelvan a estudiar y hagan la transición al mundo de la tecnología. Dicho llanamente, nuestras opciones de hoy son: Empleos de alta tecnología, empleos con salarios bajos o desempleo de largo plazo. Por todo esto, no sorprende que la clase media se reduzca cada vez más.

Actualmente puedo decir que no soy un «*baby boomer* desempleado» debido a que, cuando dejé el Cuerpo de Infantería de Marina en 1974, decidí aprender cómo ser empresario en lugar de volver a la escuela, estudiar una maestría y convertirme en ejecutivo, es decir, en un empleado más. Estoy seguro de que, de haberme convertido en empleado como me lo recomendó mi padre pobre, habría terminado siendo uno de esos ejecutivos que pierden su empleo debido a la subcontratación o porque un trabajador más joven y actualizado en la tecnología está dispuesto a hacer lo mismo que yo pero por mucho menos dinero.

La buena noticia es que pasé cuatro años recibiendo mi educación en una academia militar y cinco años estudiando para ser piloto en la Infantería de Marina de los Estados Unidos. Esto significa que recibí una educación completa, así como el entrenamiento físico, mental, emocional y espiritual que se requiere para llegar a ser empresario. Cuando salí, todavía tenía mucho por aprender, por eso continué estudiando y lo sigo haciendo hasta la fecha. Mi educación y mi entrenamiento militar, sin embargo, me prepararon para pasar las pruebas que supone convertirse en empresario.

A continuación te presento mis reflexiones sobre cómo creo que la educación y el entrenamiento militar me prepararon para la vida de empresario.

Inteligencia mental

La inteligencia mental se localiza en el cerebro pero sigue siendo un proceso de aprendizaje físico. Aprender a leer, por ejemplo, es un proceso físico. Si una persona desea hablar un nuevo idioma, tiene que repetir, repetir y repetir hasta que el cerebro aprende las palabras.

Generalmente, quienes tienen el don de la inteligencia mental suelen llegar a ser maestros, académicos y abogados.

En mi opinión, la inteligencia mental es la menos importante para el éxito empresarial porque, al igual que el verdadero líder, el empresario no tiene por qué ser la persona más inteligente del equipo. Esto significa que un verdadero empresario debe ser un líder y tener inteligencia suficiente para dirigir en el campo de batalla de los negocios a personas más listas y con mayor preparación que él.

El verdadero liderazgo exige la siguiente inteligencia:

Inteligencia emocional

La inteligencia emocional es la habilidad de controlar nuestras emociones. Todos perdemos el control y, cuando eso sucede, demostramos que tenemos poca inteligencia emocional. La persona con suficiente inteligencia emocional puede enojarse pero no tanto como para hacer o decir algo estúpido. Este tipo de personas sí logran controlarse.

Una persona que no maneja su temperamento, que se queja todo el tiempo o está deprimida de manera crónica, es un buen ejemplo de alguien con poca inteligencia emocional.

Por ejemplo, la gente con más inteligencia emocional, prefiere alejarse que dar un golpe, escuchar en lugar de discutir, ver el punto de vista de la otra persona en lugar de sólo defender el suyo, y también realiza un excelente trabajo sin esperar halagos a cambio.

La gratificación tardía o retrasada es otro indicador de inteligencia emocional. Es decir, la persona que compra algo que no puede costear sólo porque lo quiere en ese momento, no sabe cómo esperar con paciencia la gratificación, y éste es un signo de poca inteligencia emocional.

El entrenamiento militar es extraordinario para desarrollar la inteligencia emocional de la gente. ¿Cómo más podría alguien mantenerse tranquilo estando bajo fuego, avanzar a pesar de la amenaza de la muerte y perseverar cuando los demás se dan por vencidos?

Casi todos continúan siendo empleados en lugar de desarrollarse y convertirse en empresarios porque no controlan la emoción del miedo. Pero cualquiera que haya formado parte de las fuerzas armadas sabe que el entrenamiento y el servicio militar no eliminan el miedo, sólo te enseñan a pensar y funcionar a pesar de él. Ésta es la misma habilidad que requieren los empresarios para enfrentar el desafío de echar a andar y hacer crecer un negocio.

La inteligencia emocional se ubica en el estómago y por eso se dice que la gente tiene «reacciones viscerales» respecto a algo o alguien. De hecho, realmente podría tratarse de las úlceras que causan el miedo y las preocupaciones, producidas en el estómago o los intestinos.

En mi opinión, la gente con inteligencia emocional baja no debería dedicarse a los negocios. Lo diré de una manera más positiva: para ser un empresario exitoso se necesita desarrollar la inteligencia emocional de manera permanente.

De modo que dentro de cualquier ámbito, los verdaderos líderes tienen un coeficiente emocional alto.

Inteligencia espiritual

La inteligencia espiritual se localiza en el corazón. De hecho, la palabra coraje proviene de la palabra francesa 'coeur', que significa corazón. La grandeza viene de este órgano pero también la muerte, y por eso mucha gente fallece por ataques cardiacos o debido a la devastación que provoca que le rompan a uno el corazón.

Las fuerzas armadas también hacen un excelente trabajo en este campo, ya que desarrollan la inteligencia espiritual de los nuevos reclutas. La gente que tiene inteligencia espiritual funciona con un sentimiento de propósito y siempre pone a la misión y al equipo por encima de su propia vida.

Por ello el general Douglas McArthur dijo:

No entrar a una guerra con la voluntad de ganar, es fatal.

Entrenamiento de empresarios

Para desarrollarse como empresario se necesita:

1. **Inteligencia espiritual**

    La inteligencia espiritual es la más importante de todas las que necesitan los empresarios. Se requiere de una noción fuerte de lo que es la misión, el compromiso para lograr un objetivo más alto en la vida, y una razón para meterse a los negocios que no sea sólo el deseo de «hacer dinero».

Durante mi primer día en la Academia tuve que memorizar la misión. Nos enseñaron que «la misión es espiritual» y el poder y la inteligencia espiritual nos ayudaría a soportar los cuatro años de infierno.

En una ocasión, el general George Patton dijo:

Vive por algo... en lugar de morir por nada.

2. **Inteligencia emocional**

    La inteligencia emocional es la segunda más importante para los empresarios, ya que deben saber cómo mantenerse tranquilos en lugar de reaccionar bajo presión. También deben saber cuándo esperar y cuándo atacar.

Aquí hay otra cita del general Douglas McArthur que me parece apropiada:

Quienquiera que haya dicho que la pluma es más fuerte que la espada, evidentemente nunca se enfrentó a armas automáticas.

3. **Inteligencia física**

    La inteligencia física es la tercera más importante para los empresarios. Todas las personas deben tener lo que en inglés se conoce como *know how*, es decir, el conocimiento de cómo hacer algo. En el ámbito empresarial, el éxito y todo lo que viene con él sólo lo puedes lograr si sabes lo que haces y si haces todo aquello a lo que te comprometes.

Winston Churchill dijo:

En la noche dormimos a salvo gracias a los rudos hombres que están preparados para usar la violencia en contra de quienes desean hacernos daño.

4. Inteligencia mental

En el mundo de los empresarios la inteligencia mental es importante pero no tanto como las otras tres.

Robert A. Heinlein, escritor que también perteneció a la armada de los Estados Unidos, lo resumió de la siguiente manera:

Los civiles son como los frijoles: los puedes comprar a voluntad para que realicen cualquier trabajo que sólo exija habilidades y destreza pero el espíritu de lucha no se puede comprar.

Tal vez ésta sea la razón por la cual los empresarios más importantes y ricos jamás terminaron la escuela. Tanto ser empresario como servirle a tu país son actividades que exigen las cuatro inteligencias, especialmente la espiritual: la fuerza para seguir luchando cuando ya todo se acabó.

Richie Richardson, un compañero de la primaria, perteneció a la Patrulla de Reconocimiento de Largo Alcance de la Armada (LRRP, por sus siglas en inglés) y pasó mucho tiempo en Laos y Vietnam. En una ocasión me dijo: «Yo estoy vivo hoy, gracias a hombres que continuaron luchando y murieron sin detenerse jamás».

Para ser empresario se requiere de este mismo espíritu.

Éstos son algunos de los empresarios con espíritu y fortaleza que nunca terminaron la escuela:

Steve Jobs: *Apple Computers*
Bill Gates: *Microsoft*
Henry Ford: *Ford Motor Company*
Walt Disney: *Disney Productions, Disneyland, Disney World*
Oprah Winfrey: *Oprah Winfrey Network*
Mark Zuckerberg: *Facebook*
Richard Branson: *Virgin Group*
Michael Dell: *Dell Computers*
Thomas Edison: *General Electric*

Quienes desean ser médicos, abogados o ejecutivos, requieren de una buena educación universitaria pero quienes quieren convertirse en empresarios, no. De hecho, hay una frase que tal vez ya conoces: «La educación es la puerta a la clase media».

Asimismo, mi padre rico solía decir: «La actividad empresarial es el elevador de la gente rica».

Misión, Valor, Sacrificio

En agosto de 1972 me encontraba en la costa de Vietnam despegando del buque transportador de helicópteros USS Okinawa (LPH-3). Mi artillero de puerta era un joven cabo que de pronto se enteró de que su esposa acababa de dar a luz a su primer hijo y había sido niño.

Cuando el padre primerizo terminó de inspeccionar su arma M-60, le di una palmada en el hombro. Quería asegurarme de que se encontrara en condiciones óptimas para volar ese día. Le pregunté: «¿Estarías bien si tu hijo tuviera que crecer sin padre?». El joven marino entendió mi preocupación. Sonrió y dijo: «Sí, señor, estaría bien. Estoy listo para irnos». Luego volvió a sonreír como asegurándome que de verdad estaba «listo para irse», es decir, preparado para morir de ser necesario. Después añadió: «Teniente, usted haga su trabajo y yo haré el mío».

Cinco meses después el joven padre regresó a casa para conocer a su hijo, para verlo por primera vez. Él había hecho su trabajo y yo el mío.

El general George Patton dijo:

El objetivo de la guerra no es morir por tu país sino hacer al otro bastardo morir por el suyo.

Dos años después...

En junio de 1974 mi contrato con el Cuerpo de Infantería de Marina llegó a su fin. Para ese momento ya llevaba nueve años en instituciones militares: cuatro en la academia militar y cinco en la Infantería. Podría decirse que crecí perteneciendo a las fuerzas armadas.

Salí de la Estación Aérea de la Infantería de Marina, en Kaneohe Bay, Hawái, y fui al centro de Honolulú, donde trabajé para Xerox Corporation.

Me tomó algún tiempo ajustarme al cambio en los tipos de cultura. De hecho no fue fácil aprender a trabajar con civiles. No fue fácil trabajar y convivir con los que antes fueron *hippies* y con gente que nos escupía y nos llamaba «asesinos de bebés».

Tampoco fue fácil trabajar para un jefe que casi tenía mi edad pero había usado su «aplazamiento de estudiante» para no ser reclutado, ir a la guerra y servir a su país. Necesité mucha inteligencia emocional para mantener la boca cerrada cada vez que él se reía y presumía de la estrategia usada para evitar enlistarse, y subir por la escalera corporativa mientras otros luchaban y arriesgaban su vida en Vietnam.

Estando en el centro de Honolulú noté que las palabras que usaban los «civiles» y «los guerreros corporativos» reflejaban falta de inteligencia emocional. Cuando muchos integrantes de la clase empresarial usan las mismas palabras una y otra vez, reflejan una sola emoción:

miedo. Esta gente mencionaba repetidamente términos como «empleo seguro»; a muchos les preocupaba que «los despidieran»; y estaban obsesionados con recibir sus «cheques de nómina» y «ascender por la escalera corporativa». Sospecho que, ahora, estas mismas personas siguen preguntándose: «¿Podré darme el lujo de jubilarme?».

Una de las cosas que más me escandalizaban del ámbito empresarial era que resultaba muy común escuchar a la gente decir: «No puedo» y «Tal vez podría». Frases como «Lo voy a intentar», «quizás lo haga» y «espero que». Todas estas expresiones me escandalizaban porque en la Infantería de Marina estaban prohibidas.

Quienes ya leyeron mis otros libros saben que mi padre rico no nos permitía usar estas frases a su hijo ni a mí. A menudo nos decía «La gente pobre dice: "No puedo pagar tal cosa", con más frecuencia que la gente rica. La gente que tiene dinero se pregunta "¿Qué necesito hacer para darme ese lujo?"».

En las fuerzas armadas hay gente que manifiesta su miedo con el mismo tipo de frases que ya mencioné. Son los perezosos, personas que rara vez llegan a ser líderes y solamente permanecen en las instituciones militares para acumular los veinte años que necesitan para jubilarse.

Los líderes de las fuerzas armadas hablan con palabras espirituales que provienen de su corazón y se originan en el alma. La educación militar comienza por enseñarles a todos palabras espirituales como misión, valor, deber, honor, servicio y código.

La gente que usa palabras provenientes de su alma, inspira a su espíritu. Son los que llegan a convertirse en grandes guerreros, empresarios y líderes en todos los ámbitos de la vida.

Tu país te necesita

Este libro fue escrito para darle un mensaje al espíritu guerrero que vive en ti. Te estamos convocando a que vuelvas a servirle a tu país pero, esta vez, como empresario, como líder en el mundo de los negocios.

Entiendo que muchos estadounidenses desprecien a los militares, y claro, tienen el derecho de hacerlo. A ese derecho lo respaldan la Constitución y la Carta de Derechos de los Estados Unidos. El derecho de hablar con libertad es una de las libertades que protegen los hombres y las mujeres que pertenecen a las fuerzas armadas.

Asimismo, las fuerzas estadounidenses no luchan para los republicanos ni para los demócratas; tampoco para los liberales ni para los conservadores. Las fuerzas armadas están dispuestas a luchar para proteger los principios y las libertades de esta gran nación.

'Libertad' es una palabra monumental

La palabra 'Libertad' es verdaderamente monumental. La mayoría de la gente no tiene idea de cuán grande es. En Estados Unidos tenemos libertad de culto y libertad de expresión; las fuerzas armadas las defienden ambas.

En otros países, las fuerzas militares luchan para evitar la libertad religiosa. En todas partes del mundo —de Oriente Medio a Irlanda del Norte—, hemos visto que la libertad religiosa puede ser un catalizador de conflictos.

Los soldados estadounidenses luchan por la libertad para alabar o no alabar, por el derecho a creer en dios o no, y por el derecho a casarse, o no, con alguien de una religión distinta. En mi opinión, ésta es una libertad y un derecho humano por el cual vale la pena luchar.

Libertad política

En los países comunistas sólo existe el partido oficial y las fuerzas armadas luchan para defender el sistema unipartidista. En algunos países, si fundas tu propio partido te encierran de por vida o te asesinan los militares.

Las fuerzas armadas estadounidenses luchan para defender nuestro derecho a formar partidos políticos y a votar o no. En mi opinión, ésta es otra libertad y otro derecho por los que vale la pena luchar.

El general William Westmoreland, dijo:

No son los militares quienes inician las guerras, sino los políticos.

Libertad de expresión

En China los comediantes que hacen rutinas en vivo tienen que enviarle al gobierno sus chistes para que éste los apruebe antes de que ellos los usen para hacer reír a la gente. En muchos países, el programa *The Daily Show* de Jon Stewart, por ejemplo, no podría transmitirse.

En 1973 aterricé en la Base Norton de la Fuerza Aérea en San Bernardino, California. Acababa de regresar con mis tropas de nuestro viaje a Vietnam.

Afuera de las puertas de la base había gente manifestándose contra la guerra. Pude ver el miedo y la ira en los ojos de mis hombres. Uno de ellos dijo «¿Por qué luchamos por esta gente?».

Antes de permitir que los marinos enfrentaran el abuso y las vejaciones, les pedí que se formaran para mi discurso de despedida. «No luchamos por "esta gente" —les expliqué—, luchamos por toda la gente. Luchamos por la libertad y para que todos puedan decir lo que quieran, incluso si no nos gusta ni a ustedes ni a mí». Ésa es la esencia de la libertad.

Hice una pausa para que los marinos pudieran asimilar lo que acababa de decir y luego les pregunté: «¿Entienden por qué estamos luchando? ¿Entienden por qué murieron muchos de nuestros amigos? ¿Entienden que peleamos por la libertad y por los derechos de toda la gente y no sólo por los de algunos grupos específicos?.»

Después de que los hombres me contestaron «Sí, señor» en voz baja, les agradecí sus servicios y les dije que estaba orgulloso de haber luchado a su lado. Se echaron las valijas al hombro en silencio, dieron vuelta y caminaron entre los manifestantes con la cabeza bien en alto, la espalda derecha y la mirada fija; sin decir nada cuando les escupieron, les lanzaron huevos y los insultaron.

Libertad financiera

Mucha gente se enoja cuando ve la gráfica que se incluye enseguida, la misma que viste al principio de este capítulo.

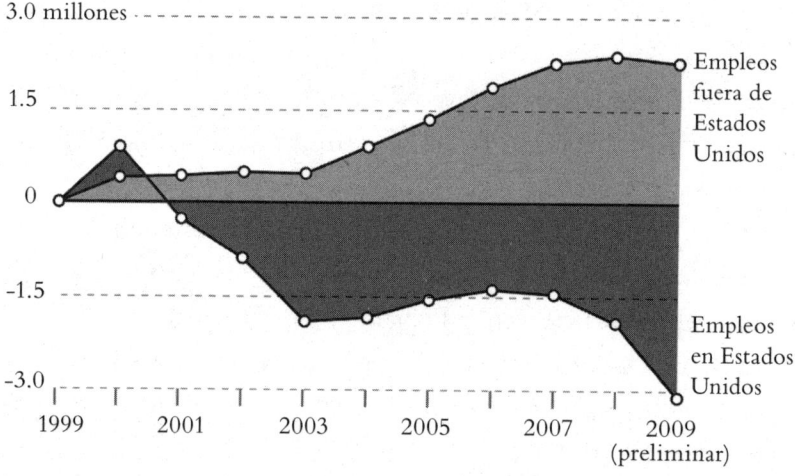

A dónde van los empleos
Durante la década de los años 2000, las empresas multinacionales con base en Estados Unidos crearon empleos en el extranjero y los recortaron en casa. Cambio acumulativo desde 1999

Algunos se preguntan «¿Por qué el gobierno permite que las empresas hagan esto?». Y la respuesta una vez más es: Porque están en su derecho, porque este derecho lo otorga la Constitución y la Carta de Derechos. Es una libertad que defienden y protegen las fuerzas armadas de los Estados Unidos. Un empresario puede contratar o despedir a cualquier persona en cualquier país. En términos sencillos que cualquier persona puede entender, a esto se le llama libre empresa. En algunos ámbitos, a la libre empresa se le conoce como capitalismo, término que algunos prácticamente consideran una grosería. Tengo la sospecha de que mucha gente que odia a las fuerzas armadas estadounidenses también odia el capitalismo. Si no tuviéramos un ejército fuerte, a nuestra economía la controlarían los grandes señores de la guerra, de la misma manera que lo hacen las facciones que dirigen los países en donde las fuerzas armadas son débiles o corruptas.

La idea de la libre empresa comenzó en 1700 en Estados Unidos y condujo a la Fiesta del Té de Boston, la Guerra de Independencia de los Estados Unidos, la Constitución y la Carta de Derechos. Los norteamericanos estaban cansados y hartos de que la monarquía inglesa les dijera cómo llevar a cabo sus negocios y les cobrara impuestos a pesar de que los colonos no tenían representación en el gobierno.

El concepto de la libre empresa es la base del Sueño Americano. Muchos inmigrantes vinieron a Estados Unidos de países en donde el estatus socioeconómico lo determinaba el nacimiento. Si nacías en el ámbito de la realeza, siempre pertenecerías a él. Si nacías siendo campesino, morirías siendo campesino.

El Sueño Americano significaba que una persona podía venir a Estados Unidos y, tal vez, convertirse en parte de la «realeza». Mucha gente ha alcanzado ese sueño y las fuerzas armadas estadounidenses protegen el derecho que tienen todos a aprovechar esa oportunidad.

El capitalismo es un sistema económico que permite que los negocios le pertenezcan a un particular. Este sistema tiene como objetivo que las restricciones para el comercio sean limitadas y la intervención del gobierno, mínima. Lo anterior significa que una empresa particular puede hacer negocios y contratar (o despedir) empleados en cualquier lugar del mundo. Por esto no resulta sorprendente que los sindicatos y la mayoría de los empleados estén en desacuerdo con esta libertad o derecho.

Las fuerzas armadas estadounidenses luchan para defender estas libertades y derechos. En nuestro país tú tienes la libertad de ser capitalista, comunista, socialista... rico, pobre, clase media... cristiano, musulmán, judío o ateo. Y nosotros, los que pertenecemos a las fuerzas militares de Estados Unidos, estamos dispuestos a dar la vida por estas libertades.

Por qué escribí este libro

Como ya mencioné, escribí este libro para solicitarte que vuelvas a prestar tus servicios porque Estados Unidos necesita tu ayuda, tu país necesita de tu ayuda.

El siguiente poema resume mejor la razón por la que escribí el libro:

> Es el soldado, no el ministro,
> quien nos dio libertad de culto.
> Es el soldado, no el reportero,
> quien nos dio la libertad de prensa.
> Es el soldado, no el poeta,
> quien nos dio libertad de expresión.
> Es el soldado, no el organizador del campus,
> quien nos dio libertad para manifestarnos.
> Es el soldado, no el abogado,
> quien nos dio el derecho a un juicio justo.
> Es el soldado, no el político,
> quien nos dio el derecho a votar.
> Es el soldado quien saluda a la bandera
> y sirve bajo ella.
> Es su féretro el que la enseña patria cubre.
> Es el soldado quien permite
> que el manifestante queme la bandera.

Y yo añadiría, que es el soldado a quien ahora volvemos a convocar para que se convierta en empresario porque sólo los verdaderos empresarios generan tanto empleos como prosperidad reales.

El general Douglas McArthur nos advirtió:

Me preocupa la seguridad de nuestra gran nación;
No tanto por las amenazas de fuera,
sino por las insidiosas fuerzas que operan en el interior.

Tal vez recuerdes las palabras del Juramento de reclutamiento, el cual aparece al principio de este libro:

*Juro solemnemente
que apoyaré y defenderé
la Constitución de los Estados Unidos
de todos su enemigos, extranjeros y nacionales;*

Por esta razón se escribió este libro y se dedicó a los hombres y mujeres de nuestras fuerzas armadas. Y también por esta razón te pido que consideres la opción de volverte empresario para servir a tu país.

En el siguiente capítulo hablaré sobre lo que se requiere para convertirse en empresario pero debo decirte algo: tú ya cuentas con el entrenamiento y los instintos básicos para ser una empresaria o empresario asombrosos.

Capítulo dos

Cómo convertirse en empresario

Se ha dicho que la actividad empresarial no es para cualquiera pero ésa es sólo una cara de la moneda. Aquí te presento la otra.

A menudo me preguntan, «¿Cualquiera puede llegar a ser empresario?» Y mi respuesta siempre es la misma: Sí. Una persona que limpia casas es empresaria. Un médico que tiene su consultorio privado, es empresario. También Steve Jobs, fundador de Apple, lo fue.

Hay empresarios de todos colores y sabores. La mayoría de los negocios son pequeños y sus operaciones las dirige una sola persona o «mamá y papá»; es decir, micronegocios manejados por, tal vez, un matrimonio. Algunas personas, sin embargo, construyen meganegocios y logran cambiar el mundo.

La siguiente pregunta siempre es la misma porque resulta lógica; sin embargo, la respuesta no siempre es tan transparente y concreta. Tal vez ya adivinaste: ¿Cómo empiezo?

Como hay mucho que aprender, siempre recomiendo estudiar, averiguar y hacer la mayor cantidad posible de investigación de mercado antes de echar a andar un negocio. Tu oficina local de asesoría para pequeñas y medianas empresas puede brindarte muchísima información. Y, naturalmente, también cuentas con Internet.

Te sugiero que en cuanto decidas en qué tipo de negocio quieres involucrarte, empieces a trabajar para alguien que ya esté en ese ramo. Por ejemplo, si quieres montar un restaurante, consigue un empleo en uno y trabaja para aprender absolutamente todas las facetas del negocio. Cuando trabajas para aprender ganas algo que es mucho más importante que el dinero: obtienes sabiduría, experiencia y un instinto creativo.

McDonald's, por ejemplo, es la mejor escuela de negocios para empresarios. En mi opinión, McDonald's tiene los mejores sistemas de negocios del mundo y por eso son una organización global. Si quisiera poner un restaurante, primero trabajaría en McDonald's y aprendería de cada uno de los puestos: de cajero a cocinero y a gerente en turno.

Tal vez el salario no sea muy bueno pero la educación y la experiencia son invaluables; por eso, piensa en McDonald's como una gran escuela de negocios para empresarios.

La primera experiencia de negocios que tuve trabajando para aprender, fue cuando trabajé para mi padre rico sin recibir remuneración económica. A cambio de mi labor, mi padre compartía conmigo enseñanzas de negocios a las que la mayoría de la gente jamás tendrá acceso. Los profesores universitarios y la gente que tiene doctorado como mi padre pobre —mi padre biológico—, cuentan con preparación académica, sin embargo, carecen del entrenamiento que te proporciona el trabajar de verdad y meterte en el negocio de lleno. Siempre recuerda lo siguiente: No es que lo que sepas te pueda llevar a ser rico, más bien, lo que no sabes es lo que te vuelve pobre. La experiencia es invaluable y también puede ser costosa.

La mayoría de los empresarios fracasa debido a la falta de experiencia, no de dinero; y por ello, si cuentas con experiencia, siempre puedes generar más recursos. Ser empresario es como formar parte de un pelotón atrapado detrás de las líneas enemigas, el cual sobrevive con lo que le roba al enemigo para comer. Y como dijo en Vietnam un *Marine* desconocido, Teniente Segundo:

El valor es resistencia para un momento más...

Yo creo que éste es el tipo de valor que necesitan los empresarios. ¿Qué habilidades deben tener? Bien, la primera es la habilidad de vender. ¿Por qué? Porque:

Ventas = Ingresos.

Por esta razón Donald Trump y yo recomendamos el mercadeo en redes o «multinivel», el cual te sirve para mejorar tus habilidades de ventas y de liderazgo.

Los empresarios fracasan principalmente porque les aterra el rechazo, porque el miedo los paraliza. Y si acaso logran sobreponerse a esto, luego tienen que enfrentar su falta de habilidades de comunicación para hacer una presentación y solicitar el dinero para echar a andar su negocio.

En las fuerzas armadas, a esta habilidad se le llama «Dar y recibir órdenes». Cada vez que se da una orden, estamos hablando de una labor de ventas. Si tus tropas no te respetan entonces, sin duda, no obedecerán tus órdenes.

Pero entonces, ¿cómo se adquieren estas habilidades?

Se requiere de práctica. En la Academia nos enseñan a darles órdenes a nuestros pares pero no tienes idea de lo difícil que es lograr que te obedezcan chicos de dieciocho años.

Cuando salí del Cuerpo de Infantería de Marina fui a trabajar a Xerox, en el centro de Honolulú. Mi decisión no tuvo tanto que ver con el dinero que ganaría —el cheque de nómina—, como con la educación en ventas y la experiencia en el mundo real que iba a recibir. Déjame decirte, sin embargo, que durante dos años formé parte de la exclusiva lista de los que estaban a punto de ser despedidos todos los días.

Cuando le pedí a mi padre rico que me recomendara algo para ser mejor vendedor, él me contestó con una pregunta. «¿Cuántas llamadas de ventas haces al día?». Mi respuesta fue: «En un buen día puedo tener cinco presentaciones de ventas; en uno malo, ninguna». Sin dudarlo, agregó: «Tu problema es que tu índice de fracaso es muy bajo. Si quieres aprender a vender tienes que fracasar con más rapidez».

Fracasar con más rapidez. De acuerdo. Esa misma semana fui a una organización sin fines de lucro y me ofrecí como voluntario para hacer «Llamadas por dólares» por las noches. Es decir, iba a comenzar a solicitar donaciones. Mi objetivo era contactar a treinta personas cada noche para fracasar con más rapidez.

Aproximadamente dos meses después, mis estadísticas de ventas en Xerox empezaron a subir y los dos últimos años que pasé en la empresa siempre ocupé el primer o segundo lugar en número de ventas. En cuanto mis ventas aumentaron, mis ingresos se incrementaron también.

De igual forma, en las fuerzas armadas se enseña el mismo principio de «fracasar con más rapidez». Cuando estuve preparándome para Vietnam en Camp Pendleton, California, mi instructor de vuelo me hizo «chocar» mi nave cada vez que volaba porque quería asegurarse de que me convirtiera en un experto en autorrotaciones.

En 1972, estando a cuarenta y cinco kilómetros de la costa de Vietnam, el motor del Huey que tripulaba comenzó a fallar y tuve que zambullirme en el Mar del Sur de China. En la contraportada de este libro nos puedes ver al Teniente Primero Ted Greene y a mí caminando en una línea de vuelo. Él y yo éramos los pilotos a cargo del equipo. Los cinco integrantes de nuestra tripulación pudimos regresar a salvo porque, sencillamente, habíamos practicado «colisiones» en todos y cada uno de nuestros vuelos de entrenamiento. Lo importante, sin embargo, no es que hayamos practicado las colisiones, sino que lo hicimos como equipo. Cuando nuestro motor falló, todos sabíamos qué hacer. Los cinco hombres de la tripulación nadamos durante cinco horas a cuarenta y cinco kilómetros de la costa de Vietnam hasta que fuimos rescatados. Y cuando las condiciones en el mar empeoraron y nos sentimos más cansados, el equipo se fortaleció.

En el mundo de los negocios es muy raro ver algo así. Cuando las cosas se ponen difíciles, la mayoría de los empleados solicitan un aumento o se ponen a buscar otro empleo.

En la portada del libro hay una fotografía de mí con el Teniente Primero Joe Ezell. Joe y yo chocamos en la parte trasera de un buque de la armada debido a una falla doble en el sistema hidráulico. Según sé, nosotros somos los únicos pilotos de naves Huey que han sobrevivido a una falla de este tipo. Dicho llanamente, sin el sistema hidráulico, el Huey no vuela. Y si nuestra tripulación no hubiera contado con horas de práctica coordinada, hoy no estaríamos vivos.

En los negocios aplica la misma disciplina de educación y práctica. Hay muchísimos empresarios novatos que, sin tener experiencia, se lanzan a hacer negocios, invierten los ahorros de toda su vida y en muy poco tiempo terminan en quiebra. Por esto suelo decir que los negocios no fracasan por falta de dinero sino de experiencia en el mundo real. Pero, ¿y cómo puede una persona obtener esta experiencia? Cayendo y volviendo a levantarse una y otra vez. A esto se le llama espíritu empresarial.

La buena noticia es que el Internet y la alta tecnología del mundo en que vivimos actualmente, les permite a los empresarios experimentar con mayor rapidez y cometer errores en ventas y campañas de comercialización sin tener que correr tantos riesgos. La desventaja, sin embargo, es que, ahora, también hay mucha más competencia que cuando yo comencé en los negocios.

Blair Singer, mi buen amigo y Asesor de Padre Rico, es uno de los mejores entrenadores de ventas del mundo. Empresas tan importantes como Singapore Airlines, L'Oréal, HSBC, IBM, CitiGroup y United Healthcare, lo contratan para que les enseñe a sus equipos a vender.

Blair escribió un libro intitulado *Sales Dogs*, el cual te presenta una manera interesante y eficaz de definir un estilo de ventas original y propio. La empresa de Blair también ofrece programas de desarrollo de ventas. Blair es un excelente maestro.

El poder de los mentores

Una de las mejores formas de usar y aprovechar la experiencia y la educación de los empresarios exitosos es encontrar un mentor. Un mentor equivale a alguien que ya llegó al lugar adonde tú quieres ir, alguien que ya enfrentó los desafíos con que te vas a topar y que además encontró soluciones que realmente funcionaron.

Para aprender más sobre el entorno local en Vietnam, nosotros nos acercamos a los lugareños y a los marinos vietnamitas. Ahora hago lo mismo en los negocios.

Y aunque escribir un Plan de Negocios es un paso importante en el proceso de echar a andar un negocio, siempre les sugiero a los empresarios que también redacten un plan educativo. Cuando escribas tu propio Plan de Negocios descubrirás que hay muchas cosas que necesitas aprender y, por ello, el Plan Educativo será la guía para tu programa de desarrollo empresarial. Garrett Sutton, Asesor de Padre Rico, escribió un libro sobre cómo escribir planes de negocios: *Writing Winning Business Plans*. Este libro es una excelente guía que te ahorrará mucho tiempo.

Hay muchas organizaciones que tienen centros en todo el mundo. EO (Entrepreneurs' Organization), por ejemplo, que es una organización dedicada a entrenar, educar y dar asesoría a empresarios.

La Ley de la Compensación

La Ley de la Compensación es importante para todas las personas que desean tener éxito financiero en la vida. Esta Ley establece que: «Tu ingreso aumenta en la medida que aumenten tu educación, experiencia y sabiduría».

Digamos, por ejemplo, que quiero ser golfista profesional y ganar el torneo de golf The Masters. Esto significa que más me vale empezar a practicar, estudiar, jugar y competir lo antes posible. Aunque tal vez me cueste más dinero de lo que ganaré en muchos años, si me apego a la práctica, al estudio, al juego y a la competencia, mis ingresos y mi éxito aumentarán con el paso de los años. Si ganas The Masters, las puertas del paraíso del golf se te abren inmediatamente.

La Ley de la Compensación también es aplicable a los empresarios. Steve Jobs y Steve Wozniak trabajaron muchos años en una cochera construyendo burdas computadoras que les servían como «pasatiempo». Sin embargo, los productos Apple son reconocidos en la actualidad por sus innovaciones y su elegante diseño, sin mencionar que también cambiaron la forma en que se comunica la gente en todo el mundo. Y como ya sabes, los fundadores se convirtieron en multimillonarios trabajando en su cochera.

Estoy seguro de que ya conoces las abismales estadísticas del número de negocios que fracasan: la gran mayoría. A mí, sin embargo, me agrada fijarme en el otro lado de la moneda de esas estadísticas.

Yo creo que el fracaso es el camino al éxito. Una de las razones por las que mucha gente inteligente —a la que le fue bien en la escuela— no se volvió rica es que en la escuela le enseñaron que cometer errores significa que eres (o que te volverás) estúpido. Pero en realidad, si logras aprender de los errores que cometes, te volverás más inteligente.

El general Colin Powell ha declarado que:

El éxito no tiene secretos. El éxito es resultado de la preparación, el trabajo arduo y el aprendizaje a través de los errores.

En las fuerzas armadas pasamos la mayor parte del tiempo estudiando y practicando en lugar de luchar. Por eso las instituciones militares de los Estados Unidos son poderosas, eficaces y letales. Si haces lo mismo en los negocios, tus probabilidades de tener éxito aumentarán significativamente.

Recuerda que Henry Ford quebró cinco veces antes del nacimiento de Ford Motor Company. Asimismo, Thomas Edison fracasó más de 1 000 veces antes de inventar la bombilla eléctrica y fundar General Electric.

En el mundo de los negocios, a ese valor para fracasar hasta alcanzar el éxito se le conoce como espíritu empresarial.

Todas las personas que han prestado sus servicios en las fuerzas armadas estadounidenses tienen en el alma el mismo ADN de educación, entrenamiento, aprendizaje, disciplina y valor.

Hasta la fecha todavía no entiendo por qué la educación tradicional castiga a los estudiantes por cometer errores. Supongo que el objetivo es preparar a la gente para que se convierta en empleados, no en empresarios. Y tiene lógica, pues en los negocios tradicionales, si eres empleado y cometes demasiados errores, lo más probable es que te terminen despidiendo.

No obstante, los empresarios que cometen más errores y aprenden de ellos, son los que llegan a ser ricos. Por eso los empresarios deben ser líderes.

En los negocios, muy pocos de los empleados que cuentan con títulos de maestría, por ejemplo, son líderes. La mayoría son gerentes y administran aspectos de algún proceso del negocio, como el de comercialización, contable o legal. Todos estos procesos son importantes y esenciales para que el negocio crezca y sea rentable.

El problema de ser empresario, sin embargo, es que tu labor consiste en crear estos procesos de negocios, no en administrarlos. Una vez que ya se dio inicio a los procesos, debes contratar administradores para cada uno. A estos administradores de procesos a menudo se les llama «ejecutivos». En cuanto los administradores comienzan a dirigir tu negocio, puedes hacer una estrategia y planear maneras para hacerlo crecer y convertirlo en un negocio global, o también te puedes mover y echar a andar el siguiente proyecto. Sin embargo, esto sólo sucede si cuentas con procesos adecuados y si a cada uno lo dirige un administrador sólido y con experiencia.

Creo que éste es un buen ejemplo de por qué es tan importante escribir un buen Plan Educativo como un buen Plan de Negocios. Los empresarios deben aprender constantemente sobre temas como el panorama general del negocio, innovación, oportunidades a nivel global y mercados. Por eso los empresarios son «generalistas». Los administradores o ejecutivos, en cambio, son «especialistas» porque se enfocan solamente en un proceso como la comercialización o la contabilidad. El empresario debe saber un poco de comercialización, un poco de sistemas y un poco de contabilidad, pero debe contratar ejecutivos que sean expertos en estos ramos y en cualquier otro proceso crucial del negocio.

En el caso del mío, mi equipo se reúne dos veces al año. Estas reuniones forman parte del Código de Honor de nuestro Plan Educativo; en ellas aprendemos y estudiamos juntos. Me refiero a mi equipo de Asesores de Padre Rico. Todos ellos han escrito libros para la serie Rich Dad Advisor y operan bajo el Código de Honor.

Por eso, yo cuento con un equipo de asesores porque no soy el más inteligente del grupo. Y es que, si cuento con un equipo de especialistas que son los mejores en sus respectivos campos, entonces no tengo por qué serlo.

Dicho llanamente, los verdaderos empresarios son generalistas en lo que se refiere a todos los procesos del negocio. El generalista sabe un poco acerca de muchas cosas. Los ejecutivos, en cambio, son especialistas: expertos en una sola área o proceso del negocio. El especialista sabe mucho sobre poco.

Ésta es la razón por la que trabajar para McDonald's es excelente para aprender a ser un generalista con una visión panorámica de muchos de los procesos del negocio. Trabajar para McDonald's es distinto a trabajar en Walmart, pero también es mejor, ya que la mayoría de sus restaurantes son pequeños, compactos y precisos, en tanto que las tiendas de Walmart son demasiado extensas.

Y claro, ¡ya empecé a escuchar los gritos y quejas de muchos! «¿Quieres decir que si quiero ser empresario tengo que trabajar para McDonald's?». No, en absoluto. Lo que estoy diciendo es que tienes que aprender de una forma activa y agresiva.

En la preparatoria, por ejemplo, yo era un fracaso total. Iba pasando con 8, e incluso con 7. Pero cuando le colocaron ametralladoras y cohetes a mi helicóptero en Camp Pendleton, supe que mi siguiente parada era Vietnam y de pronto me convertí en un estudiante extremadamente activo y bien enfocado.

Si vas a ser empresario, te sugiero que cultives un interés similar al mío en el aprendizaje. Si crees que ya sabes todas las respuestas, lo más probable es que termines despidiéndote de tu dinero, el de tu familia y el de tus inversionistas. Esto lo sé porque en el proceso de adquisición de mi educación empresarial, he perdido mucho dinero. Aquí debo repetir una frase que ya dije anteriormente en este capítulo: No es que lo que sepas te pueda llevar a ser rico, más bien, lo que no sabes es lo que te vuelve pobre.

A menudo me preguntan qué debe incluir un Plan Educativo. La respuesta es que la lista es infinita. Algunos de los temas básicos que debes incluir son: manejo fiscal, financiamiento de deuda, comercialización, tecnología, ventas, contabilidad, asuntos legales y recursos humanos.

No es necesario que vuelvas a la escuela pero sí aprender de una forma activa y continua, justo como lo haces (o hacías) cuando pertenecías a las fuerzas armadas. Los líderes militares saben que el enemigo y los teatros de operación siempre están cambiando y mejorando, por eso la educación es vital para el fortalecimiento de las fuerzas armadas.

En el ámbito de los negocios, la educación consiste en leer libros o tomar cursos los fines de semana. Pero lo más importante es que aprendas activa, agresiva y ambiciosamente. De otra manera terminarás fuera del negocio antes de que te des cuenta. Ser empresario, sin duda, exige más estudio que ser empleado.

Echemos un vistazo a los impuestos, por ejemplo. En la ilustración siguiente encontrarás el Cuadrante del Flujo de Dinero que se presentó en uno de los primeros libros de *Padre Rico*.

En el mundo de los negocios hay cuatro grupos distintos de personas:

Los E = Empleados
Los A = Autoempleados, dueños de negocios pequeños o especialistas
Los D = Dueños de negocios grandes (con 500 empleados o más)
Los I = Inversionistas profesionales

Nuestras escuelas preparan a la mayoría de los estudiantes para ser empleados del cuadrante E o especialistas como doctores y abogados del cuadrante A.

Los impuestos, como verás, son distintos para cada grupo.

Se necesita mucha inteligencia financiera para pagar cada vez menos impuestos de manera legal.

¿Te parece difícil creer que los empresarios de negocios pequeños, quienes hicieron de Estados Unidos un gran país y siguen conformando la esencia del Sueño Americano, sean quienes paguen la mayor cantidad de impuestos?

Es difícil creerlo pero así es. Por eso el estudio del tema de los impuestos y las estrategias fiscales es vital. A menudo conozco empresarios exitosos que ganan mucho dinero pero no dejan de quejarse de la enorme cantidad de impuestos que pagan. Pagan muchos impuestos porque no estudian ni entienden el tema fiscal ni cómo hacer que los incentivos del gobierno —también conocidos como el Código Fiscal—, trabajen a su favor. Hay muchos empresarios que en lugar de tomarse el tiempo necesario para estudiar el tema fiscal, buscan un especialista que se haga cargo, y así ellos se pueden seguir enfocando en generar más dinero. El problema es que, al hacer esto, continúan sin poder conservar una cantidad mayor del dinero que generan y, en mi opinión, eso no es algo muy inteligente.

El oxímoron de la Era de la Información

La variación en el porcentaje de impuestos que paga la gente dependiendo del cuadrante en que se encuentra, ¿será justa?

Lo más probable es que no. Pero nadie dijo que la vida era justa. Además, la vida se basa en aquello por lo que nuestras fuerzas armadas luchan: por la libertad de elegir una vida como empleado, empresario o inversionista. Si lucháramos para que todo fuera justo, ya nos habríamos convertido en una sociedad socialista o comunista. Debo reiterarte que las fuerzas armadas de Estados Unidos luchan por nuestros derechos: por el derecho a ser capitalistas, socialistas o comunistas.

La mayoría de la gente elige la seguridad de un empleo fijo y acepta el hecho de que tendrá que pagar impuestos relativamente altos por formar parte de la zona E del cuadrante. Actualmente, sin embargo, podemos considerar que la seguridad de un empleo fijo es un oxímoron. La mayoría de los empleos del mercado global son bastante inciertos porque los países en donde se pagan salarios bajos compiten por la producción, los contratos de servicios y los empleos.

La generación de la Segunda Guerra Mundial tuvo cierta seguridad en el empleo porque cualquiera podía conseguir un trabajo, permanecer en él por muchos años antes de jubilarse, y luego vivir feliz para siempre.

Al comienzo de la generación de la era de Vietnam, sin embargo, la seguridad en los empleos disminuyó cada vez más. Se dice que la mayoría de los jóvenes de ahora van a tener entre cinco y siete carreras, lo que significa que tendrán que volver a recibir entrenamiento antes de que alguien los contrate de nuevo.

En el caso de la generación de la Segunda Guerra Mundial, la edad y la antigüedad eran ventajas porque, entre más tiempo trabajaba una persona para una empresa, más valiosa se volvía. Entre más valor le agregara al negocio, más dinero le pagaban. Esos días, sin embargo, quedaron atrás hace mucho tiempo.

Además, en los centros de trabajo de hoy en día, la edad y la antigüedad son una desventaja. La mayoría de los negocios buscan ahora jóvenes bien versados en tecnología que cobren menos de lo que cobraban las personas mayores que los antecedieron. Tengo varios amigos graduados de excelentes escuelas como Harvard y Stanford, que debieron dejar de trabajar porque las empresas para las que laboraban «prescindieron de sus servicios cuando cumplieron cincuenta años». Estos amigos son demasiado viejos, costosos y obsoletos; en algunos casos incluso los podrían remplazar con un programa de computadora.

El concepto actual de trabajo seguro es sólo para la gente que vive en el pasado. Lo que les espera a Seguridad Social y a la generación de los *baby-boomers* también debería abrirnos los ojos.

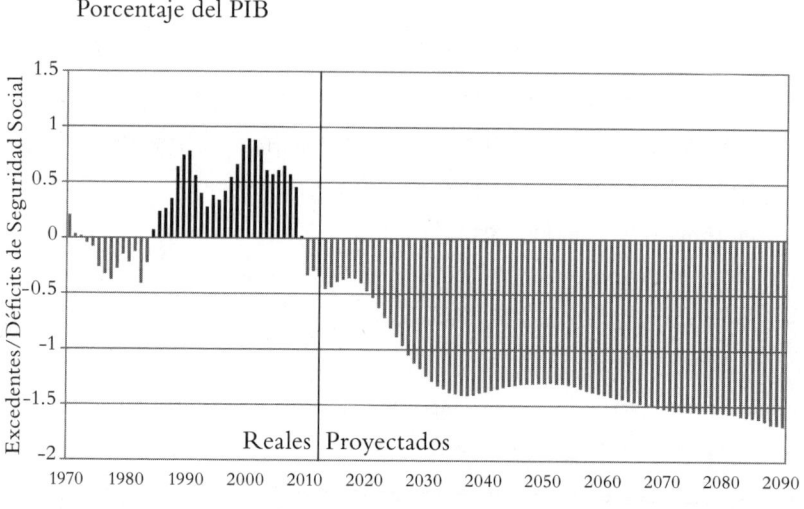

Es difícil analizar gráficas como ésta sin que nos empiecen a dar vueltas en la cabeza montones de preguntas. ¿Significa esto que la seguridad social está acabada? ¿Qué pasará con quienes estén contando con que la seguridad social cubrirá el costo de su jubilación? ¿Podemos seguir dando por sentado que el gobierno se hará cargo de nuestros padres y de los millones de jubilados... y de mí y de mi familia cuando me jubile?

Estas preguntas y otras más tienen a la gente preocupada y asustada con respecto a lo que está por venir. Los empresarios, en cambio, saben que pueden crear el futuro, generar ingresos, empleos y oportunidades que les permitirán hacerse responsables personalmente de su futuro financiero.

La siguiente gráfica muestra la deuda interna de Estados Unidos.

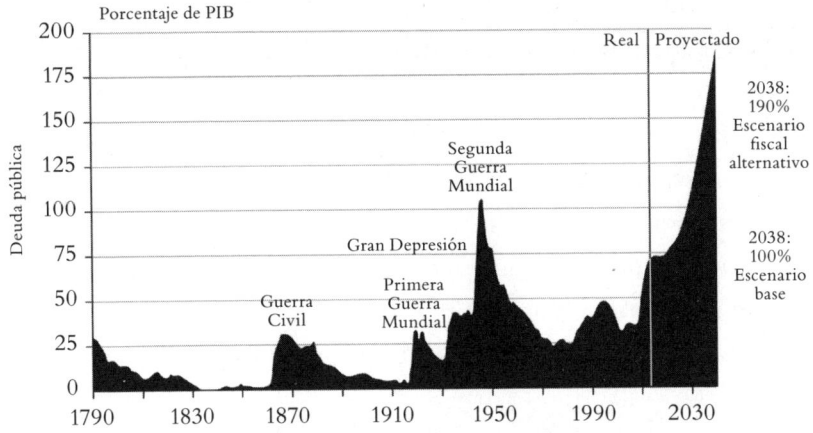

La deuda de Estados Unidos se encuentra en un camino insostenible bajo muchos escenarios

Fuente: Información de *Congressional Budget Office, The 2013 Long-Term Outlook, septiembre 2013.* Compilada por PGDF.
Nota: La proyección del escenario fiscal alternativo incorpora los efectos de retroalimentación económica de la política fiscal.

©2014 Peter G. Peterson Foundation PGPF.ORG

Toma en cuenta estas proyecciones en un momento en que las empresas estadounidenses están subcontratando más y más gente en el extranjero.

Pero entonces, si la seguridad social se volvió un oxímoron, ¿cuál es la solución?

Yo recomiendo que demos un paso atrás y miremos bien el panorama. La noción de «la seguridad que te da un empleo fijo», por ejemplo, se origina en el miedo a perder tu trabajo.

Como ya lo mencioné en el capítulo anterior, las fuerzas armadas hacen un excelente trabajo al enseñarles a sus jóvenes reclutas a controlar sus emociones, ya que esto incrementa su inteligencia emocional.

La gente que vive con miedo de perder su empleo, tiene poca inteligencia emocional. Tal vez cuente con una sólida preparación académica y sea gente inteligente, buena, honesta y trabajadora pero, cuando tus emociones dirigen tu vida, tu IQ emocional baja.

Muchos empresarios se dedican a los negocios porque quieren alcanzar su independencia, su «libertad financiera». La palabra «libertad» está arraigada en la inteligencia espiritual de todos.

Yo creo que el Viet Cong luchaba con más ganas que nosotros porque sus soldados contaban con motivación espiritual. Es decir, sus ganas de vencer eran más que las nuestras. Estaban cansados de que los «extranjeros» —de China, Francia y luego Estados Unidos—, les dijeran qué hacer. En realidad la situación no era muy distinta a la de los primeros revolucionarios norteamericanos que lucharon bajo el mando de George Washington para sacar a los ingleses de lo que ahora es Estados Unidos. El general George Marshall dijo:

> *El poder militar gana batallas...*
> *pero el poder espiritual gana guerras.*

En la actividad empresarial sucede exactamente lo mismo.

Visto desde varias perspectivas, el sendero de la actividad empresarial es un sendero espiritual. Estados Unidos y buena parte del mundo se encuentran en problemas financieros, morales y espirituales. La economía de nuestro país y del mundo entero te necesitan especialmente a ti porque cuentas con entrenamiento mental, físico, emocional y espiritual.

En este momento nos encontramos en problemas porque muchos de nuestros líderes carecen de esta educación y desarrollo multidimensional. De hecho, muchos de ellos me recuerdan a uno de mis jefes en Xerox, un hombre que estaba orgulloso de haber usado su aplazamiento de estudiante para no ser reclutado y servir a su país. Él sabía que podía hacer algo por su país sin ir a Vietnam pero, sencillamente, no quería prestar sus servicios. Sólo quería hacer dinero y ascender por la escalera corporativa. El mundo está lleno de gente así y, por desgracia, muchos de ellos se encuentran en puestos desde los que ejercen influencia y son líderes de otros.

Por eso escribí este libro y por eso te pido hacer un examen de conciencia como el que yo hice cuando me uní a la Infantería de Marina en 1969. Yo estaba exento de ser reclutado porque pertenecía a la clasificación «Industria vital no defensiva». Dicho de otra forma, yo me dedicaba al petróleo. Fui oficial tercero en buques petroleros y trabajé para la empresa Standard Oil de California. Mi ruta cubría California, Hawái, Tahití y Alaska. Era un trabajo muy, muy bien pagado, en el que me daban cinco meses de vacaciones al año.

Pero tal vez mi necesidad de servir y luchar estaba arraigada en mi herencia samurái. En seguida verás a mi tata-tatarabuelo, uno de los samuráis que recibieron al Almirante Matthew Perry cuando éste abrió las puertas del comercio a Japón. Como soy el primer hijo de una línea de primogénitos, ahora tengo en mi poder la katana que se ve en la fotografía.

También es posible que mi camino sea continuación del de mis cinco tíos que pelearon en Europa durante la Segunda Guerra Mundial con el Batallón de Infantería japonésestadounidense 442. Los cinco regresaron vivos a casa. O quizás es continuación del camino de otro de mis tíos que fue uno de los dos estadounidenses de origen japonés capturados por el ejército japonés y forzados a participar en la infame Marcha de la Muerte de Bataán. O tal vez seguí ese camino de servicio porque mi hermano menor acababa de ofrecerse como voluntario para prestar sus servicios en Vietnam.

En cuanto estuve solo, sentado en la cubierta del buque petrolero —siendo un joven de 21 años, exento de ser reclutado y que ganaba un montón de dinero en 1969—, mi conciencia empezó a darme lata y mi espíritu se hizo cargo del asunto.

Algunos meses después renuncié a Standard Oil y me reporté a la Escuela de Vuelo de la Armada en Pensacola, Florida. Mi salario bajó drásticamente de 4 000 dólares al mes, a aproximadamente 400. Sin embargo, desde el principio supe que había tomado una de las mejores decisiones de mi vida.

No tenía idea de que mi entrenamiento militar me estaba preparando para convertirme en empresario y en un hombre libre y adinerado. Hoy en día no trabajo arduamente porque necesite el dinero sino porque tengo una misión como cuando estaba en Vietnam. Son misiones distintas pero el espíritu es el mismo.

¿Podría tu libertad convertirse en tu misión? Yo creo que sí.

Ahora que serás empresario, debes comenzar por elegir tu misión. La misión es espiritual, viene del corazón y es más importante que el dinero. El dinero, por supuesto, resulta valioso pues será el combustible del negocio, sin embargo, la misión deberá motivarte y mantenerte en pie. El camino puede volverse solitario, frustrante, largo y arduo; pero también puede ser desafiante, emocionante y muy gratificante.

Ser empresario es mucho más difícil que ser empleado. El índice de fracaso entre los empresarios es impactante, y creo que eso sucede, en parte, porque muy pocos de ellos se entrenaron en las fuerzas armadas. Es ahí donde el entrenamiento que tú ya recibiste te da una ventaja increíble y habilidades adicionales por encima de los demás. Y aunque no te garantice el éxito, te ofrece una base sólida para construir tu negocio.

No conozco a ningún empresario que haya declarado que el camino al éxito le resultó sencillo. La mayoría ha fracasado varias veces, como yo. Sin embargo, todo lo que aprendí en la Academia, en la Infantería de Marina, en la escuela de vuelo y en el combate

—la rudeza espiritual—, me permitió seguir adelante; especialmente cuando se acabó el dinero y las paredes del negocio comenzaron a desmoronarse.

Libertad vs. Seguridad

La decisión es tuya: ¿libertad o seguridad? Tal vez descubras que debes escoger entre ser empleado o empresario.

Te exhorto a aceptar el desafío. ¿Qué opción emociona más a tu espíritu? ¿La seguridad de un trabajo fijo o la libertad financiera? Te advierto, sin embargo, que hoy en día ninguno de los dos caminos es sencillo.

Mira lo que le sucede a la clase media, a quienes eligieron la seguridad de un empleo:

Menos hogares ganan ingresos de clase media

No solamente se estancaron los ingresos de clase media, también la cantidad de hogares que los obtienen ha sufrido un decremento desde la década de los setenta. La cantidad de hogares estadounidenses que ganaban entre 50 y 150 por ciento del ingreso medio ascendía a 50.3 por ciento en 1970. Para 2010 la cifra ya había descendido a 42.2 por ciento.

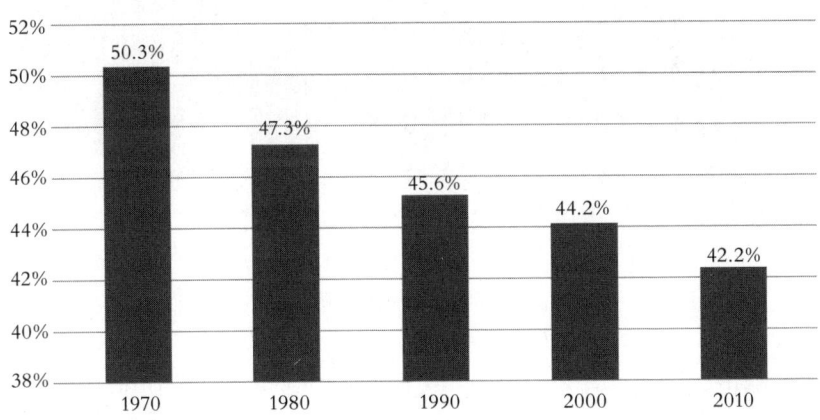

Fuente: Alan Krueger, «The Rise and Consequences of Inequality». Discurso en Center for American Progress, Washington, D.C., enero 12 de 2012.
Center for American Progress

La siguiente gráfica la utilicé en mi libro *Segunda oportunidad*. Si no lo has leído, deberías hacerlo. *Segunda oportunidad* habla con más detalle de lo que deben aprender los empresarios y los inversionistas para tener éxito.

En esta gráfica verás que la clase media no se enriquece. En ella se ilustra que, más bien, se está convirtiendo en una clase trabajadora que se desliza cada día más hacia la inevitable pobreza.

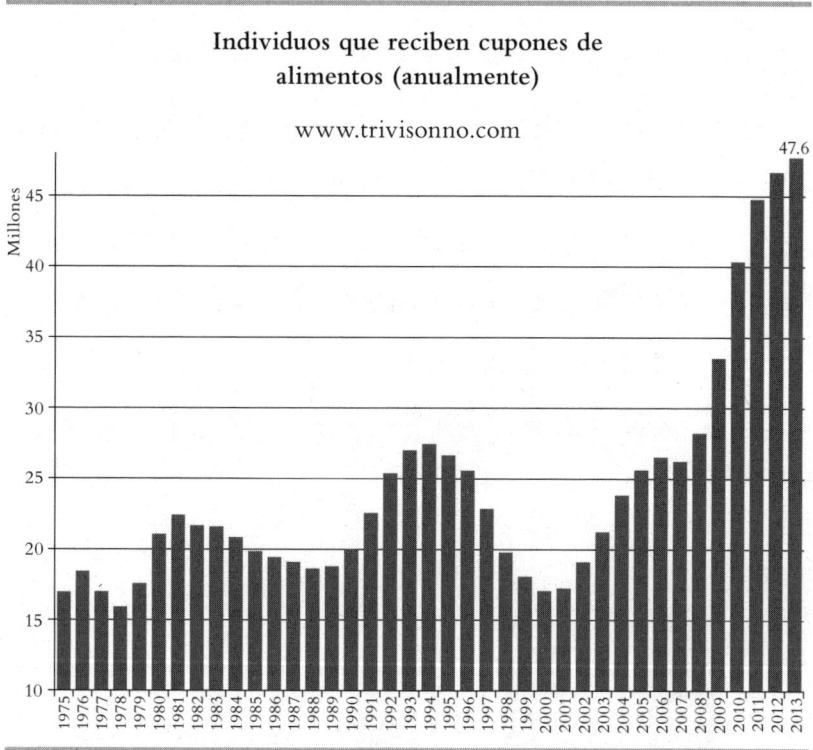

Nuestros políticos aseguran que la pobreza disminuye en Estados Unidos. Lo que no nos dicen es que el uso de los Cupones para Alimentos aumenta entre la clase pobre trabajadora. Como seguramente ya sabes, incluso muchos de nuestros compañeros de servicio hacen uso de estos cupones y de otros programas del gobierno.

La brecha entre la gente rica y toda la demás se hace cada vez más ancha por varias razones. Una de ellas es que los empleos se van al extranjero. Otra es que los ricos —quienes operan en los cuadrantes D e I—, reciben mayores incentivos fiscales.

Observa la siguiente gráfica:

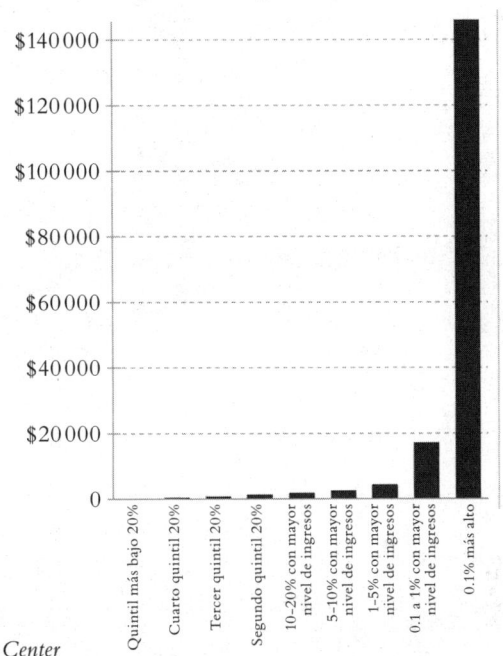

Fuente: *Tax Policy Center*

Ya sé lo que estás pensando: que esto no es justo.

Pero yo nunca dije que lo fuera. Por eso estamos luchando. Tú tienes la misma oportunidad de ser rico y de disfrutar de los mismos incentivos y reducciones en impuestos a los que tienen acceso los ricos.

¿Qué debes hacer? En la mayoría de los casos, volverte empresario porque muy pocos empleados califican para estos incentivos. Ésta es otra de las razones por las que la clase media tiene cada vez menos, y los ricos cada vez más.

A continuación encontrarás otra gráfica que ilustra quién paga los porcentajes más altos de impuestos.

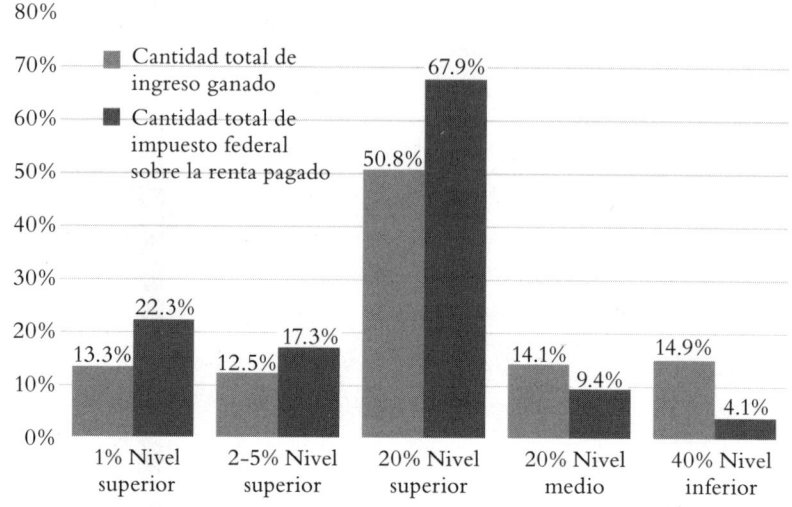

¿Quién pagó su parte justa de impuestos?
Estimación de impuesto federal sobre la renta pagado en 2009 por grupo de ingreso

Fuente: Oficina de Presupuesto del Congreso

Una de las libertades que tenemos es la de elegir nuestra tasa de impuestos. Rara vez lo pensamos de esta manera pero es verdad. Tú y todos los demás estadounidenses tienen derecho a los mismos derechos y libertades. Aprovéchalos porque en muchos otros países no existen estas prerrogativas.

Y recuerda: estos incentivos fiscales están disponibles para cualquier persona que califique para ellos sin importar si es pobre o rica. Las reducciones de impuestos, naturalmente, son incentivos. Por ejemplo, el gobierno quiere que seamos los dueños de nuestras propias casas para recibir la reducción de impuestos sobre hipotecas que se ofrece a los propietarios. Los empresarios reciben más reducciones de impuestos que los empleados porque el gobierno quiere que los primeros generen empleos.

Irónicamente, la gente que más paga impuestos es la que tiene un empleo, ahorra dinero e invierte en sus planes de jubilación como el 401(k) que conocemos en Estados Unidos. Lo sé, lo sé, es muy injusto.

A continuación verás lo que le depara el futuro a Obamacare, La Ley de Cuidados de Salud Asequibles del presidente Barack Obama.

¿No te han cobrado suficientes impuestos? Sólo espera a que Obamacare entre en acción.

Para pagar los generosos subsidios necesarios para cubrir los seguros de salud, así como una enorme expansión de Medicaid y otros gastos nuevos, Obamacare aumenta la carga fiscal y añade diecisiete nuevos impuestos o multas que afectarán a todos los estadounidenses.

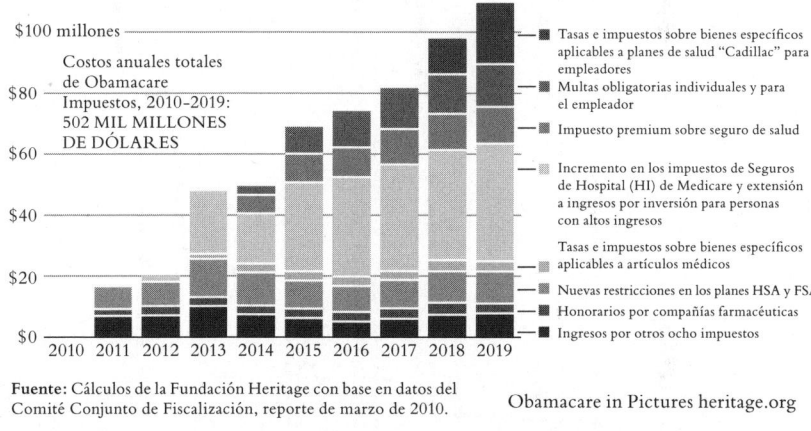

Fuente: Cálculos de la Fundación Heritage con base en datos del Comité Conjunto de Fiscalización, reporte de marzo de 2010.

Obamacare in Pictures heritage.org

Al ver gráficas como éstas me parece escucharme a mí mismo a los nueve años preguntándole a mi maestra por qué no nos enseñaban esos temas en la escuela. El dinero es parte de nuestra vida cotidiana y aunque no nos guste, el hecho de que tengamos riqueza, o no, tendrá un impacto en nuestro futuro.

Hoy en día hago la misma pregunta: «¿Por qué no nos enseñan nada sobre el dinero en la escuela?». Y, de hecho, por eso me convertí en un franco promotor de la educación financiera.

Igualmente, Kim —mi esposa— y yo fundamos The Rich Dad Company. Por eso nos comprometimos a hacerles llegar educación financiera a todos los individuos y familias del mundo a través de libros, juegos en línea, juegos de mesa, *apps* y nuevas plataformas de enseñanza.

¿Por qué los empresarios y los inversionistas que tienen sus negocios e invierten de manera profesional —quienes pertenecen a los cuadrantes D e I—, hacen más dinero y pagan los porcentajes más bajos de impuestos? En la gráfica siguiente lo verás ilustrado.

Ganancias corporativas después de impuestos (GC)
Fuente: U.S. Department of Commerce: Bureau of Economic Analysis

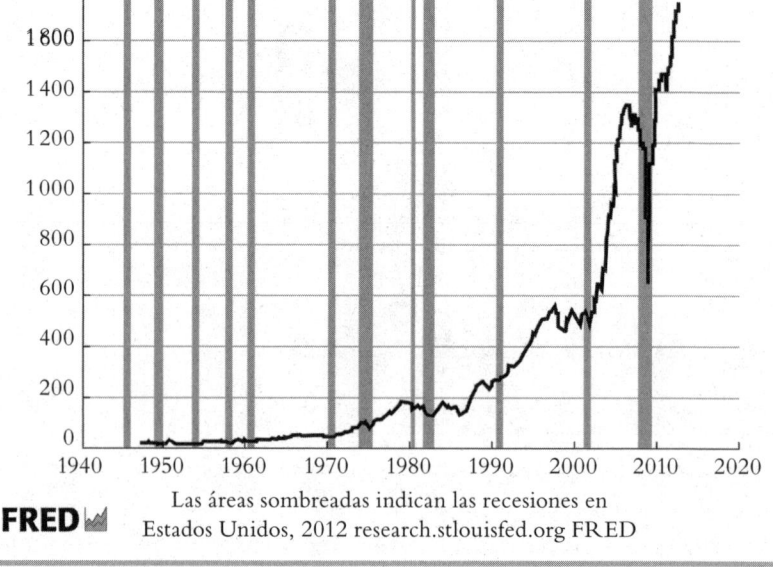

Las áreas sombreadas indican las recesiones en Estados Unidos, 2012 research.stlouisfed.org FRED

Esta gráfica FRED (siglas de Federal Reserve Economic Data), muestra por qué los ricos continúan ganando más y más y más dinero gracias a sus rentables negocios. Desafortunadamente, no sucede lo mismo con la clase media y la gente más pobre.

Por todo esto te recomiendo convertirte en empresario.

Tú te uniste a las fuerzas armadas para proteger y defender los derechos que tanto nos importan, y el derecho a ser rico, pobre o pertenecer a la clase media —o a ser capitalista, socialista o comunista—, es uno de ellos.

En 1974, cuando dejé el Cuerpo de Infantería de Marina, elegí ser capitalista. No estoy diciendo que haya sido fácil pero ésta es la libertad por la que luchamos y a la que defendemos. Luchamos por la libertad de ser ricos —tal vez hasta de alcanzar la libertad financiera—, incluso si muchos de nuestros compatriotas se empeñan en despojarnos de estas libertades.

Si yo y muchos de ustedes ya luchamos por el derecho a ser ricos o pobres, ¿por qué no elegir ser ricos? En 1974, cuando dejé la Infantería de Marina, decidí convertirme en empresario porque quería marcar la diferencia en el mundo. Deseaba desafiarme para ver si podía volverme un hombre rico.

Todos luchamos por la libertad de elegir la vida que anhelamos y por la libertad de vivirla bajo nuestros propios términos.

Si quieres aprender más sobre los impuestos, creo que debes sintonizar **The Rich Dad Radio Show**. Este programa de radio lo hago semanalmente y es gratuito. En él ofrezco educación financiera para quienes desean ser ricos; también entrevisto a muchos expertos con quienes hablo de distintos temas. Tom Wheelwright, Contador Público Certificado y Asesor de Rich Dad, es uno de los invitados frecuentes. Si quieres aprender más sobre impuestos y cómo aprovechar las mismas reducciones fiscales a las que tienen acceso los ricos, ve a ***http://www.richdad.com/radio***. Ahí encontrarás todos los segmentos de radio que hemos archivado. Además de ser mi asesor fiscal, Tom es el autor de *Tax-Free Wealth*.

Segunda parte

★ ★ ★ ★ ★

8 LECCIONES DE LIDERAZGO

Capítulo tres

LECCIÓN DE LIDERAZGO #1
Los líderes son modelos a seguir

La guerra y los negocios son muy similares. Ambos son ambientes crudos y, a veces, peligrosos. A muchos les gustaría volverse empresarios pero carecen de las habilidades, el valor y la disciplina necesarios para sobrevivir en el mundo de los negocios. En lugar de arriesgarse a echar a andar su propio negocio, la mayoría busca ambientes más inocuos; por eso muchos prefieren la seguridad de un empleo fijo y no la libertad. Están dispuestos a esperar un cheque de nómina constante en vez de trabajar para tener más riqueza. Muchas personas se aferran a la supuesta seguridad del empleo fijo porque su miedo a fracasar es más grande que la alegría que llegarían a tener si se liberaran.

Mientras las escuelas tradicionales preparan a los estudiantes para que se conviertan en empleados, las escuelas militares los preparan para convertirse en líderes.

El liderazgo consiste en ser un modelo a seguir, en vivir la vida con estándares más altos. En la Academia de la Marina Mercante de los Estados Unidos el liderazgo no era nada más una materia:

era un proceso. Nosotros dirigíamos con el ejemplo, no con filosofías sacadas de un libro de texto. Practicábamos lo que nos enseñaban. Desde muy temprano en la mañana hasta ya tarde, en la noche, nos pasábamos el tiempo obedeciendo o dando órdenes. Si no nos esforzábamos por vivir nuestra vida con estándares más altos, nos reprendían con severidad. En la academia no toleraban la mediocridad ni la complacencia. Si no podíamos recibir bien las opiniones y la retroalimentación que nos daban, no había esperanzas de que nos graduáramos. Si éramos arrogantes, nos hacían humildes a la fuerza. Si contestábamos de mala gana, nos castigaban.

La presión y la disciplina eran intensas; pese a que yo detestaba todo el estrés, ahora valoro mucho los cuatro años que pasé en la academia. Durante esos años nos entrenaron para ser oficiales y responder por barcos que costaban muchos millones de dólares, repletos de cargas que también ascendían a millones de dólares, y para estar a cargo de tripulaciones numerosas cuyos miembros realizaban distintas labores en el barco. Ese entrenamiento me preparó para el liderazgo en el mundo empresarial.

El Triángulo D-I: 8 elementos esenciales

Las letras D-I del Triángulo quieren decir Dueño de negocio e Inversionista, es decir, se refieren al lado derecho del cuadrante del Flujo de Dinero. El Triángulo D-I está formado por ocho componentes a los que llamo "integridades" porque son esenciales para el éxito. Si un negocio tiene problemas o fracasa, es porque una o más de las 8 integridades faltan o no son suficientemente sólidas.

Las escuelas tradicionales se enfocan en las profesiones que conforman la sección interna del Triángulo D-I, es decir: *Producto, Asesoría legal, Sistemas, Comunicaciones* y *Flujo de efectivo*.

Las academias militares se enfocan en el contexto del Triángulo D-I, es decir en los tres elementos o integridades que enmarcan el triángulo y le dan forma y estructura: *Misión, Liderazgo* y *Equipo*.

Las 8 integridades de un negocio

Las escuelas tradicionales se enfocan en:

1. **Producto:** Principalmente en lo que se refiere a su diseño y desarrollo. La mayoría de la gente piensa en el producto como el aspecto más importante del negocio pero, si observas todo el Triángulo D-I, verás que el producto es el componente más pequeño porque resulta el menos importante. Un producto que no cuente con un Triángulo D-I sólido que lo respalde, muy probablemente no tendrá éxito.
2. **Asesoría Legal:** Todos los negocios necesitan abogados. Los abogados son importantes porque protegen tu producto y el resto del Triángulo D-I.
3. **Sistemas.** Un negocio es un sistema de sistemas. Lo mismo sucede con los automóviles y con el cuerpo humano. Un automóvil, por ejemplo, requiere de un sistema para el uso del combustible, un sistema de frenos, un sistema eléctrico, etcétera. El cuerpo humano está formado por los sistemas óseo, circulatorio, nervioso, etcétera. Si uno de los sistemas de un negocio, un automóvil o un cuerpo no funciona bien, todos los demás comienzan a tener problemas y, a menudo, terminan fallando también.

    Todo negocio necesita profesionales entrenados en áreas específicas para que operen los sistemas, como es el caso de los sistemas de ingeniería, tecnología de la información, manufactura, comercialización, distribución de productos y negocios internos.
4. **Comunicación:** Los negocios dependen totalmente de la comunicación vertical empezando por los inversionistas y pasando por los clientes y los empleados. Si la comunicación es deficiente, la empresa también lo será. Visto desde un punto de vista profesional, todos los negocios necesitan tener una comunicación sólida en los departamentos de ventas, relaciones públicas, comercialización, redes y recursos humanos. Por eso la tecnología de la información es fundamental hoy en día para

que los negocios tengan éxito.

5. **Flujo de dinero o efectivo:** No necesitas ser físico nuclear para entender que un negocio necesita que el flujo de dinero que entra sea mayor al que sale. Todos los negocios deben tener un sistema contable preciso y claro. Una empresa que tiene sistemas de contabilidad deficientes, es una empresa pobre. Por eso los negocios requieren de tenedores de libros, contadores y ejecutivos financieros.

Las academias militares se enfocan en:

1. **Misión:** La misión es espiritual: la razón de ser de toda empresa u organización. El primer día que estuve en la academia nos exigieron memorizar la misión y repetirla a la perfección. Dicho de otra forma, nos metieron la misión en la cabeza desde el primer día.
2. **Equipo:** Los equipos representan poder. Entre más fuerte y unido es un equipo, más poderoso se vuelve. A nosotros nos enseñaron a trabajar colectivamente desde el primer día. Para ser un gran líder, uno tiene que aprender a ser parte del equipo porque éste es más importante que el individuo.
3. **Liderazgo:** Los líderes son modelos a seguir. El liderazgo se gana por medio de la confianza, el respeto, la experiencia y la competencia.

En la academia no nos entrenaron para funcionar como individuos sino como líderes de equipos. Nos recordaban constantemente que la misión, el equipo y el liderazgo eran esenciales para operar barcos o volar naves y participar en combates. Nos inculcaron la idea de que los individuos tienen muy poco vigor cuando están en medio de un conflicto o combate. La vida depende de que los individuos trabajen como equipos bien dirigidos. Y en los negocios pasa lo mismo.

Los líderes son modelos a seguir

> **El reporte de Robb, por Robb LeCount, sigue las 8 lecciones de Robert**
>
>
>
> *Robb LeCount se enlistó en la Armada de los Estados Unidos a los 18 años y ahí recibió entrenamiento de Oficial maquinista de aviación. Robb completó una gran cantidad de cursos entre los que se encuentran: Entrenamiento avanzado para manejo de plantas generadoras de electricidad, Entrenamiento en armamento, Supervivencia en climas fríos y Entrenamiento en liderazgo. Nuestro colaborador ha prestado sus servicios en cinco Destructores y Fragatas de los Estados Unidos, y participado en despliegues en todo el mundo: de Japón, Nueva Zelanda y las Islas Caimán, a la Antártida, por mencionar sólo algunos lugares.*
>
> Actualmente Robb es Director de Tecnología de la Información de The Rich Dad Company, empresario y dueño de un pequeño negocio.

El Reporte de Robb

Cuando me enlisté en la Marina era un vándalo confundido y sin padre. En aquel entonces no me daba cuenta pero estaba ansioso de que alguien me guiara. Eso, por desgracia, no me instó a hacerle la vida menos difícil al líder que finalmente encontré.

Me metí en problemas desde el principio y siempre fui una especie de obstáculo para los Comandantes de mi Compañía —sí, nos controlaban dos Comandantes—; en las horas de estudio que teníamos, por ejemplo, siempre me parecía que molestar y desafiar a mi líder de la mejor manera que se me ocurría —portándome como un cretino— era una gran idea.

Pero primero hablaré un poco de la historia de mi vida. Mi madre y mi padre se divorciaron cuando yo tenía cinco años. Mi padre se mudó al otro lado del país y eso me dio la oportunidad de crecer siendo el hombre de la casa. Efectivamente, me convertí en el hombre de la casa a la tierna edad de cinco años. Mi madre hizo todo lo que pudo para criarme pero, por desgracia, yo era un niñito muy necio con personalidad Tipo A. Lo que quiero decir es que yo no entendía el concepto de tener límites y, por lo mismo, crecí con una disciplina endeble y una falta total de guía.

En fin, el recinto de nuestra Compañía era del tamaño de una cafetería pequeña. En realidad era un espacio rectangular y largo lleno de literas, con una mesa tipo tablón al centro para estudiar y realizar otras actividades. A pesar de que teníamos la enorme mesa en el centro del recinto, a mis compañeros reclutas y a mí nos forzaban a sentarnos a estudiar en el suelo porque, según nos informó nuestro líder, todavía no nos habíamos ganado el derecho a sentarnos en la mesa.

En el compartimento no se escuchaba absolutamente ninguna voz ni sonido, excepto el de las páginas de los libros al pasar y de las plumas deslizándose sobre los cuadernos cuando tomábamos notas. Era muy ABURRIDO, pero eso no duró mucho tiempo. Nuestros Comandantes de Compañía primero nos explicaban las reglas y nos decían la cantidad de tiempo que pasaríamos estudiando. Luego se iban a su oficina a continuar con su trabajo, el cual muy probablemente consistía en planear estrategias sádicas para entrenarnos. Bueno, al menos era lo que le parecía al muchacho de dieciocho años con mala actitud que era yo entonces.

Yo creía que las horas de estudio eran perfectas para propagar un poco de humor. En una ocasión, tras 10 minutos de absoluto silencio en el que los compañeros habían evitado a toda costa toser siquiera, la situación me volvió loco y decidí que necesitaba un poco de diversión. Hundí la cabeza en mi libro e imité el sonido de cuando alguien se echa un gas. Fue muy sonoro, debo añadir. En cuanto se escuchó el largo y lento chirrido, todos comenzaron a reír disimuladamente. No pudieron evitarlo. La sensación de que estábamos liberando tensión fue muy agradable pero nadie se rio a carcajadas porque todos tenían demasiado miedo. Entonces decidí volver a intentarlo. Respiré hondo y, justo cuando empecé a hacer el exagerado sonido... se abrió la puerta. A mis compañeros se les congeló la sonrisa, y las relajadas miradas de repente retomaron la lectura con terror, como si todos tuvieran los ojos pegados a los libros.

Uno de los Comandantes de Compañía a quien llamaremos Jefe Burk, entró con cara seria y preguntó: «¿Quién hizo ese sonido?». Pasaron algunos segundos antes de que el oficial agregara: «Si no confiesa nadie, los voy a poner a hacer ciclos a todos». Hacer ciclos significaba que todos nos teníamos que formar —cuarenta reclutas de cada lado de la mesa central— y trabajar intensamente hasta que los Comandantes de la Compañía sentían que ya habíamos aprendido la lección. Yo levanté la mano de inmediato y me reporté para que me dieran mi castigo.

Al día siguiente el Jefe Burk me ordenó que fuera a su oficina. En cuanto entré me sentí intimidado pero estaba totalmente decidido a no dejar que un desconocido ejerciera poder sobre mí. Yo sabía que me iba a gritar y a reprender; eso no me causaba problema porque cuando era niño, mis padrastros y maestros lo hacían todo el tiempo. Realmente no lo pensaba así en ese momento pero deseaba que pasara. Quería ver cómo iba a responder aquella figura de autoridad, cómo me iba a minimizar y a hacerme sentir menos, cómo trataría de lastimarme con sus palabras. Quería ver cómo trataría de manipularme desde su posición de poder, para luego yo poder juzgar al hombre porque estaba seguro de que encontraría su debilidad.

Pero las cosas no salieron como yo lo había planeado. El Jefe Burk no me gritó, sólo me habló con el tono de un hombre estricto pero preocupado por mí. Y con eso me enseñó una lección invaluable. Esto fue lo que me dijo: «Marinero Recluta LeCount, hay miles de jóvenes en esta base y todos están tratando de llamar la atención. Sin embargo, eso sólo puede suceder de dos maneras: usted puede dar el 110% de sí mismo todos los días para sobresalir o puede comportarse como un hijo de puta y conseguir que lo retrasemos». Que te retrasaran significaba que te enviaban al grupo del grado anterior para que tu entrenamiento se extendiera por lo menos una semana. También significaba que debías unirte a una compañía completamente distinta y, por lo tanto, que te verías obligado a aprender a trabajar con un equipo diferente y otro par de Comandantes de Compañía. Que te retrasaran era, después de ser expulsado del entrenamiento, el peor castigo que te podían dar.

Tanto dar el 110% de uno mismo todos los días como ser un hijo de puta, exigían tener un espíritu muy rudo y ser muy necio, sin embargo, dar siempre el 110% también exigía contar con una fortaleza que muy pocos tenían. Exigía ser un líder. «¿Sabe por qué es más difícil ser líder?», me preguntó el Jefe Burk. Yo tenía ganas de responderle con uno de mis comentarios de sabelotodo, algo como «¿Porque todo mundo puede darse cuenta de lo cabrón que eres?», pero me contuve. Ese hombre me había sorprendido y, antes de presionarlo más, quería averiguar cómo funcionaba su mente.

El Jefe Burk continuó: «A los líderes los alaban pero también los ponen en una situación difícil porque los colocan en un lugar superior y todo mundo los observa con la esperanza secreta de que fracasen». Luego me preguntó, «¿Sabe por qué la gente quiere que fallen los líderes? Para sentirse con permiso de sobrellevarla, de hacer las cosas de la manera fácil».

Después añadió, «Un líder guía con el ejemplo. Un líder dicta el esfuerzo y el empuje de aquellos que lo siguen».

«Por lo visto usted no conoce a los "líderes" que me han guiado a mí», dije sin pensar.

«No, no los conozco —dijo el Jefe Burk—, pero creo que usted está confundiendo a las personas que llegan a una posición de liderazgo con quienes verdaderamente son líderes. Los líderes guían con el ejemplo, no con miedo ni alzando la voz. El poder del líder viene de su actitud. El liderazgo es algo que se gana pero nadie te lo puede dar en realidad».

Pensé que el Jefe Burk ya había acabado pero todavía tenía algo más que decirme. «Así pues, Marinero Recluta LeCount, usted atrajo mi atención el día de hoy; no por ser un líder. Ya me di cuenta, sin embargo, de que podría serlo, que tiene la fortaleza necesaria, y por eso voy a hacer dos cosas. En primer lugar le voy a dar como castigo la misión de correr 15 kilómetros antes de la hora de comer. Y en segundo, voy a correr esos 15 kilómetros con usted. Cuando acabemos, me va a decir si conducirá marineros a la victoria o les dará permiso de ser mediocres...»

Esta historia continúa pero la iré compartiendo contigo a lo largo de los siguientes capítulos del libro.

¿Qué aplicación tiene esta enseñanza fuera del ámbito militar? ¿En el ámbito empresarial, por ejemplo? Bien, para empezar debo confesar que soy nuevo en esto de los negocios; apenas estoy echando a andar mi segundo proyecto. Permíteme decirte cómo llegué a mi trabajo después de liderar con el ejemplo. Tiempo después de dejar la Armada conseguí un empleo como desarrollador de redes en una empresa nueva en la que no conocía a nadie. Pero eso no importó porque yo ya había aprendido lo que debía hacer: poner el ejemplo. Tenía que hacer una declaración de lo que yo representaba: de mi ética, mi moral, mis creencias y mi necesidad de ser mejor. Desde el primer día llegué temprano y me quedé a trabajar hasta tarde. Lo hice porque me estaban pagando un salario y no pensaba cejar hasta ponerme a la par de mis compañeros de trabajo en lo que se refería a velocidad y productividad.

—Robb LeCount

Capítulo cuatro

LECCIÓN DE LIDERAZGO #2
¿Eres un solitario o un líder?

El mundo está lleno de gente con buenas intenciones y grandes ideas. Hay muchos que tienen el deseo de cambiarlo y hacerlo un mejor lugar para vivir. Pero a pesar de sus grandes ideas, en muchos casos nadie escucha a estas personas. Nadie las sigue. Tal vez son inteligentes pero no tienen poder para liderar ni para inspirar.

Las escuelas tradicionales preparan a los estudiantes para ser solitarios, tener éxito de manera individual. Las escuelas militares los preparan para que sólo sean exitosos si su equipo lo es.

Uno de los puestos más desafiantes en la Academia de la Marina Mercante era el de Líder de Sección. Cuando fui Líder de Sección tuve que hacerme cargo de mis compañeros de clase, de mis pares, es decir, de jóvenes que tenían más o menos la misma edad que yo. Mi labor consistía en asegurarme de que todos estuvieran presentes y en contarlos antes de marchar a nuestras clases. Una vez que ya todos estábamos reunidos, el líder de sección decía: «Atención, Sección. Flanco derecho. Marchar. ¡Ya!». Yo tenía que asegurarme de que el grupo marchara a tiempo y de que nadie se distrajera o hiciera tonterías. Debía asegurarme de que la sección llegara a clase a tiempo y permanecer ahí. Cuando el instructor entraba al salón, el líder de la sección gritaba: «¡Sección! ¡Atención! ¡Ya!». Si alguno de mis compañeros rompía las reglas, me responsabilizaban a mí. Si un compañero no tomaba la clase o llegaba tarde, castigaban al líder de la sección. O sea, ¡a mí! Dicho de otra manera, al líder de la sección siempre lo castigaban *junto* con la persona que había roto las reglas. Controlar a muchachitos de dieciocho años era muy, muy difícil pero gracias a dios, sólo me tocaba ser líder una vez cada tres meses, aproximadamente.

Debo decir que, en varios sentidos, ser Líder de Sección me preparó para los negocios. Actualmente, una de mis labores consiste en que un grupo de supuestos adultos —de todas las edades— se mantenga en orden, sea confiable, trabaje y no se distraiga ni haga tonterías.

Padre Rico solía decir: «Si no fuera por la gente, los negocios serían sencillos», y yo estoy de acuerdo. Una de las razones por las que algunas personas dedicadas a los negocios nunca crecen, es porque prefieren ser lobos solitarios en lugar de líderes, y esto, a su vez, se debe a que nunca resulta sencillo lidiar con gente: ni joven ni mayor. Para que un negocio crezca, el empresario debe ser un mejor líder y capaz de lidiar con más y más personas cada vez. Eso es lo que exige el liderazgo.

El Cuadrante del flujo de dinero

A continuación verás una ilustración del Cuadrante del flujo de dinero, también conocido como Cuadrante del flujo de efectivo. El segundo libro de la serie Rich Dad se llama precisamente así: *El Cuadrante del flujo de dinero*. Mucha gente nos ha dicho que conocer este concepto le cambió la vida de forma dramática.

La E significa Empleado

Los empleados, sin importar si se trata de un conserje o del presidente de la mpresa, suelen decir lo mismo: «Busco un empleo fijo y seguro que me proporcione un cheque de nómina constante y buenas prestaciones».

La mayoría de la gente que forma parte del mundo de los negocios está en el cuadrante E porque los padres les dicen a sus hijos: «Ve a la escuela y luego consigue un empleo». Muy pocos padres te recomiendan: «Conviértete en empresario y abre tu propio negocio». Para la mayoría de la gente, la seguridad en el empleo y el cheque de nómina constante son más importantes que la riqueza y la independencia financiera.

En el mundo de los empleados, tener éxito con frecuencia significa competir con otros para obtener ascensos e incrementos de sueldo. De cierta manera, ser empleado implica vivir en un mundo de perros, un mundo en donde la gente sólo ve por sí misma. Si ayudas a alguien a avanzar, es posible que te rezagues, te remplacen o te despidan.

Para colmo, la gente del cuadrante E paga el porcentaje más alto de impuestos si se le compara con lo que paga la gente de los otros cuadrantes.

La A significa Autoempleado, dueño de negocio pequeño, especialista... estrella, sabelotodo o acto de una sola persona

Muchos dueños de negocios pequeños son lobos solitarios. De hecho, la mayoría de estas personas cuentan con menos de cinco empleados, y eso, sólo si incluyen empleados para empezar.

Éstas son algunas de las frases que solemos escuchar de la gente del cuadrante A:

- «Si quieres que las cosas se hagan bien, hazlas tú.»
- «Yo quiero que las cosas se hagan a mi manera, por eso hago mis propias reglas.»
- «Soy el mejor, nadie puede hacerlo mejor que yo.»
- «Me gusta ser independiente. Tener más empleados significa tener más problemas.»
- «No me digas nada, sé lo que hago.»
- «Yo cobro por hora.»
- «No puedo hacer eso ahora, estoy muy ocupado. Tal vez tenga tiempo la próxima semana.»

Uno de los mayores problemas de los negocios del cuadrante A es que, si el autoempleado deja de trabajar, sus ingresos se interrumpen. Por ejemplo, si un doctor o un dentista se van de vacaciones, también sus ingresos descansan.

Quienes operan en el cuadrante A suelen ser lobos solitarios de los negocios. Valoran mucho su independencia y no tienen por qué ser líderes. La gente de este cuadrante paga el segundo porcentaje más alto de impuestos.

Los negocios del cuadrante D dependen de la gente, los equipos y el liderazgo.

Los negocios del cuadrante D son los que conocemos como «Negocios de 500 empleados o más». Si el liderazgo es endeble en una empresa de este tamaño, el negocio sufre o quiebra. Si el liderazgo, la gente y los equipos son fuertes, el negocio seguirá creciendo incluso en épocas difíciles. Por eso el liderazgo es fundamental en este cuadrante.

Frases comunes de la gente del cuadrante D:

- «Busco gente que sea más inteligente y tenga más experiencia que yo.»
- «¿Ellos trabajan como equipo?»
- «¿Son confiables?»
- «¿Puede él recibir opiniones y retroalimentación?»
- «¿A ella le gustaría tener más responsabilidades?»

La gente del cuadrante I depende de los retornos de la inversión

Los líderes del cuadrante D saben cómo hacer que la gente trabaje para producir más dinero. Los líderes del cuadrante I saben cómo poner *su dinero* a trabajar... para que les produzca más dinero.

Frases comunes de la gente del cuadrante I:

- «¿Cómo incrementamos nuestro ingreso neto de operación?»
- «¿Cuál es la tasa de capitalización?»
- «¿El porcentaje del precio de las ganancias es realista?»
- «¿Podemos escribir llamadas cubiertas en las acciones?»
- «¿Cómo aseguramos nuestra posición?»

Individuos vs. Equipos

Hay muchos deportes que se juegan individualmente. El golf o el tenis, por ejemplo, suelen atraer a los individuos enérgicos. Para tener éxito en los cuadrantes E y A, generalmente serás capaz de sobrevivir por ti mismo.

También hay muchos deportes que se juegan en equipo, como el futbol americano, el soccer, el rugby o el baloncesto. Para tener éxito en los cuadrantes D e I, es importante contar con habilidades de liderazgo y un equipo sólido.

La educación en las escuelas tradicionales

La mayoría de las escuelas preparan a los estudiantes para ser empleados o especialistas de los cuadrantes E y A. En las instituciones tradicionales, la educación implica estudiar solo y competir con tus compañeros de clase para obtener las mejores calificaciones. En la escuela siempre hay alguien que está en el nivel más alto y alguien en el más bajo. Asimismo, los maestros consideran que trabajar en equipo es hacer trampa. El instinto de supervivencia personal es más importante que el grupal. Tu compañero de clase se convierte en tu competidor y, por desgracia, esta actitud suele llegar al ámbito empresarial.

La educación en las escuelas militares

Las escuelas militares se enfocan en el liderazgo. A los estudiantes se les enseña a unir a los individuos y a construir equipos. Después de graduarse, los estudiantes comienzan a dirigir tropas, guiar barcos o volar aviones. La educación se enfoca en trabajar con personas que poseen distintas habilidades y se dedican a profesiones diversas, y en conocer todos los sistemas de funcionamiento de un barco o una aeronave. En estas escuelas nos enseñan que la misión es más importante que la vida y el éxito del líder depende del éxito de los demás. El líder debe tener la crucial habilidad de cooperar y coordinar. La supervivencia personal a costa de los otros es vista como una traición al grupo. En las academias militares se les enseña a los estudiantes que para ser líder es fundamental estar dispuesto a realizar *el mayor sacrificio:* dar tu vida para que otros puedan seguir viviendo.

El Triángulo D-I

En la lección anterior del Triángulo D-I hablamos de las diferencias entre las escuelas militares y las tradicionales. Así, las escuelas tradicionales se enfocan en las cinco secciones *internas* de las 8 integridades de un Negocio, en tanto que las escuelas militares se enfocan en las tres integridades *externas* de las 8.

Por esta razón las personas de los cuadrantes D e I deben ser líderes competentes. Los líderes saben cómo unir a gente que se dedica a distintas especialidades y a organizarla para formar equipos productivos. Esto significa que los líderes deben saber elegir especialistas de los cuadrantes E y A —entrenados para operar como lobos solitarios— y prepararlos para operar formando parte de un equipo.

Esta habilidad de liderazgo es esencial para generar riqueza. En los cuadrantes E y A generalmente hay un techo que limita lo que puede ganar la gente, y por esa razón el líder será capaz de lograr que estas personas operen como parte de un equipo para generar una cantidad extraordinaria de riqueza. Recuerda que la cooperación resulta fundamental para hacer mucho dinero.

Pasos a seguir

Ejercicios para desarrollar tus habilidades de liderazgo

1. Discute con otras dos o tres personas las diferencias entre los cuatro cuadrantes. Por qué la gente del cuadrante E dice: «Busco un empleo fijo y seguro con buenas prestaciones»? ¿Por qué la gente del cuadrante A dice «Si quieres que las cosas se

hagan bien, hazlas tú»? ¿Por qué la gente del cuadrante D dice «Estoy buscando a la gente correcta»? ¿Y por qué la gente del cuadrante I dice «¿Qué retorno obtendré por mi dinero y cuándo podré tenerlo disponible?»

2. ¿En qué cuadrante estás ahora? ¿En qué cuadrante quieres estar en el futuro?
3. Habla un poco sobre los solitarios, la gente que tiene ideas grandiosas pero nadie que la siga o apoye. ¿Qué los lleva a funcionar así?
4. Habla sobre los líderes, la gente a la que otros escuchan de manera natural, a la que otros admiran y siguen. ¿Qué los hace líderes?
5. Habla sobre las ocasiones en que operas como un solitario y en las que te comportas como líder.
6. Habla sobre lo que puedes hacer para ser un mejor líder. Nota: en los cuadrantes E y A, *también* puedes ser líder.
7. ¿Qué compromisos estás dispuesto a hacer para mejorar tus habilidades? ¿Quién estará al pendiente de que los cumplas? ¿Quién te dará opiniones y retroalimentación?

Un último comentario

Cuando llegué a la Academia era muy tímido. Estando en una escuela militar sólo para varones, fue muy fácil que otros compañeros más espabilados, fuertes y machos que yo, me mangonearan. Ser líder en el ambiente de una academia militar es muy difícil. Sin embargo, ahora que lo veo en retrospectiva, ése llegaría a ser el ambiente perfecto para mí pero *sólo si* quería desarrollarme y llegar a ser un líder en la vida.

Si me hubiera quedado con mis compañeros de la preparatoria no me habría enfrentado a tantos desafíos como los que se me presentaron en la Academia. Si me hubiera quedado con los amigos de la preparatoria, probablemente seguiría siendo el payaso que era en aquella época, pero el verme forzado a estar en posiciones de liderazgo todos los días en la Academia, me enseñó a lidiar con los espabilados, fuertes y machos que también se encuentra uno en el mundo de los negocios.

El reporte de Robb

Como podrás recordar, en el reporte anterior acababa de meterme en problemas por imitar ruidos corporales usando mi boca. El Jefe Burk me dio un castigo pero también decidió soportarlo conmigo. Tenía que correr 15 kilómetros. Llegamos marchando al principio de la pista y me detuve. El Jefe Burk también se detuvo. Nadie se movió. Luego me miró, sonrió y empezó a correr. Y yo lo seguí.

Durante los dos primeros kilómetros, no dijimos una sola palabra. El Jefe Burk corrió y yo sólo corrí detrás de él. Fue difícil mantenerle el paso porque él tenía una condición estupenda, particularmente para alguien de mucha más edad que yo. Mientras corríamos vi al resto de mi Compañía. El otro Comandante los había traído al campo para que tomaran un descanso de la escuela.

El Jefe Burk aminoró la marcha y yo también porque lo último que quería hacer era correr a su lado y conversar con él. Pero luego bajó la velocidad mucho más y yo lo imité. Me sonrió entre dientes y me indicó que lo alcanzara y corriera a su lado. Yo bajé la cabeza, maldije viendo al suelo e hice lo que me ordenó.

Era obvio que el Jefe Burk tenía algunas cosas que decirme. «Bueno, ya sabemos lo bueno que eres para reproducir ruidos anales. Ahora déjame ver qué tan buen líder eres. Voy a hacer un trato contigo. Al final de esta vuelta puedes regresar con la Compañía y, por cada compañero que esté de acuerdo en correr una vuelta contigo, te voy a bajar una vuelta del castigo.

Me quedé sorprendido. ¡El trato era buenísimo! No obstante, no quise parecer agradecido.

«Yo creo que se está cansando usted», dije. Una vez más, mi bocota de sabelotodo se abrió antes de darme la oportunidad de pensar. El Jefe sólo sonrió.

«¿Sabes cuántas veces he corrido estos circuitos?», me preguntó. «¿Crees que eres el primero en correr varios kilómetros con este viejo? Yo puedo correr y dar vueltas todo el día pero lo que en realidad me gustaría hacer es encontrar un líder. Eso SÍ sería especial. ¿Qué dices? ¿Puedes convencer a los miembros de tu escuadrón a que renuncien a su descanso para dar algunas vueltas corriendo?».

«Claro que sí —dije—. Voy a regresar y sólo voy a tener que dar una vuelta más». Bueno, algo que definitivamente no me faltaba era confianza en mí mismo.

Lo que no me esperaba era que el Jefe Burk me siguiera, pero eso no importó. Él no me había dado ninguna regla específica y yo sabía muy bien cómo lograr que los muchachos me ayudaran. Así pues, caminamos hasta el recluta que estaba más cerca.

«Oye, Brackston, hagamos un trato». Brackston ni siquiera volteó a verme, tenía la mirada fija en el Jefe Burk. Estaba buscando alguna señal que le indicara qué debía hacer pero el jefe no le dio ningún indicio, sólo se me quedó viendo a mí sin inmutarse.

«Si das una vuelta corriendo conmigo, te boleo tus botas.»

Una vez más, Brackston miró al Jefe Burk como preguntándose qué debía hacer pero no recibió ninguna pista.

«Mmm, no, gracias —contestó—. Mejor me voy a quedar aquí un rato a relajarme.»

Encogí los hombros. Necesitaba hacer más atractiva la oferta.

«¿Qué tal si te ayudo a aprender la cadena de mando?». Antes de ir al campamento había hecho bien mi tarea y me había aprendido de memoria todo lo que me sugirió el reclutador. Sobra decir que muy pocos de los miembros de mi compañía se habían preparado tanto. Eso incluía a Brackston y yo lo sabía.

«No, gracias», contestó mi compañero y se alejó caminando.

Entonces puse a prueba la misma rutina con otros miembros de mi Compañía pero el resultado fue igual con todos.

El Jefe Burk me dijo que empezara a correr. Yo estaba muy confundido. ¿Cómo era posible que nadie quisiera ayudarme? Les simpatizaba a todos... bueno, eso creía yo. Comenzamos a correr de nuevo pero ahora cada paso era más pesado. Mi espíritu estaba por los suelos. Tan sólo unos minutos antes me habían ofrecido una manera de librarme de aquel castigo, yo me sentía por las nubes y pensaba que me iba a librar con una bromita sin tener que recibir un castigo real. Ahora, sin embargo, tendría que pasar más tiempo con ese peculiar Comandante de Compañía.

«Tal vez me equivoqué contigo —gritó mientras corría frente a mí—. Creo que yo soy el único líder aquí. Yo soy el único al que sigue alguien.»

Gruñí. La carrera se había vuelto dolorosa. Empecé a respirar con dificultad y me sentía acalorado. Y apenas acababa de comenzar.

Cuando íbamos aproximadamente a la mitad de la vuelta, el Jefe volvió a hablar.

«¿Sabes por qué fracasaste?», me preguntó. No contesté porque realmente no sabía. A mí me parecía que les había ofrecido un buen trato a todos.

«Porque no fuiste un líder. No pusiste el ejemplo», me explicó.

«Sólo trataste de hacer un trueque. No te acercaste a tus compañeros reclutas como líder sino como vendedor. Cualquiera le puede decir "no" a un vendedor pero, ¿quién le dice "no" a un líder?»

Luego siguió explicándome. «Una buena idea no te convierte en líder, tampoco un buen ofrecimiento. Volvamos a intentarlo pero esta vez regresarás como líder y les hablarás a tus compañeros como tal».

Me quedé en silencio porque no tenía idea de lo que eso significaba. Finalmente dije: «No soy su líder, todos somos iguales. Harris es el líder de sección esta semana».

«No estoy hablando del líder de sección. Creo que, una vez más, estás confundiendo el hecho de estar en una posición de liderazgo con ser un verdadero líder. Los líderes dirigen con el ejemplo. Pregúntate qué ejemplo puedes ponerles. ¿Qué ejemplo quieres dar? ¿Qué ejemplo estás dando ahora?» Burk no dejaba de hacer preguntas.

De pronto me pareció que una idea se empezaba a formar en mi cabeza. Fue una sensación cálida que fue invadiendo mi cerebro. Todavía no estaba seguro de qué se trataba pero me enfoqué en las palabras que me acababa de decir mi Comandante de Compañía: «¿Qué ejemplo quieres dar?».

¿Qué tal si esos reclutas eran como yo después de todo? ¿Qué querría yo que me ofrecieran? A mí me habría gustado tener a alguien tan extraño como aquel Comandante corriendo a mi lado y soportando el castigo conmigo. Me habría gustado saber que siempre tendría a alguien junto a mí cuando las cosas se pusieran difíciles porque nunca gocé en mi vida de algo así. Y qué tal si… ¿Qué tal si les ofrecía a esos reclutas lo que yo siempre había deseado? ¿Qué tal si dándoles esa compañía a otros, alguien me la brindara a mí de vuelta?

Ese castigo era el más raro que había recibido en la vida.

«¿Ya sabes cómo lo vas a hacer? —me preguntó el Comandante de Compañía—. ¿Estás listo para volver a intentar que el escuadrón corra contigo?»

Asentí confiado. Esta vez me acerqué a cada uno de los reclutas y, en lugar de tratar de sobornarlos, les ofrecí un equipo… una familia. Comencé diciéndoles que me había equivocado, que había cometido un error. Luego les expliqué: «Si tú cometes un error, yo estaré ahí para ayudarte a sobrellevar la carga. Te ayudaré incluso si tú no me ayudas a mí. Lo que quiero es tener un equipo. Quiero que nos unamos y nos cuidemos unos a otros. Yo te voy a ayudar a ti, pero si tú quieres ayudarme a mí, o no, sólo depende de ti».

El Jefe Burk me estaba convirtiendo en líder. No en una persona con pasión o valor sino en un líder: en un hombre con seguidores. ¿Crees que su estrategia funcionó? Continuaré con esta historia en la Lección 6 (Capítulo 8).

—Robb LeCount

Capítulo cinco

LECCIÓN DE LIDERAZGO #3
La disciplina proporciona mejor calidad de vida

¿Cuántas veces crees que he escuchado decir...

- «Necesito hacer ejercicio y bajar un poco de peso.»
- «Desearía ganar más dinero.»
- «¿Cómo salgo de deudas? Estas facturas me están comiendo vivo.»
- «Debería empezar mi propio negocio.»
- «Necesito hacer crecer mi negocio.»?

Éstas son frases de gente que sabe que necesita cambiar, mejorar su calidad de vida. Pero pasar al siguiente nivel siempre exige algo más que pensamientos, buenos deseos o esperanza. En realidad se requiere disciplina, ya que es lo único que te permite mejorar tu nivel de vida.

A menudo nos convertimos en prisioneros de nuestra propia existencia porque nos quedamos atrapados en nuestros problemas y nuestros sueños. Sabemos que necesitamos cambiar pero no siempre es fácil hacerlo.

Mucha gente no mejora su calidad de vida sencillamente porque ya se acostumbró y se siente cómoda con sus obstáculos. Es decir, los problemas se convirtieron en parte de su vida. Te daré algunos ejemplos:

1. Una persona puede llegar a sentirse cómoda con su sobrepeso porque las dietas y el ejercicio le incomodan.
2. Una persona se pude sentir cómoda en un empleo en donde no le pagan lo suficiente, sólo porque echar a andar un negocio implicaría incomodidad.
3. Una persona se puede sentir a gusto en una relación muerta, sólo porque ese aburrido matrimonio es más cómodo que estar solo.

Para mejorar nuestra vida necesitamos de disciplina. Muy a menudo, el cambio exige que la persona se coloque en una situación incómoda, que aprenda cosas nuevas, conozca gente nueva y se convierta en una mejor versión de sí misma. Y sólo *después* de eso, la calidad de su vida mejora. En pocas palabras, tu vida no va a cambiar para bien si tú no te vuelves *mejor persona*.

Por todo lo anterior, la disciplina —la costumbre de ser disciplinado—, es una materia extremadamente importante en las academias militares.

Las escuelas tradicionales se enfocan en la disciplina de las materias académicas. Las escuelas militares se enfocan en la disciplina del liderazgo. Yo elegí la academia militar porque sabía que me hacía falta disciplinarme. Sabía que si no lo hacía, jamás me iba a graduar ni a recibir un título universitario. Pero permíteme dejar algo claro: saber que me hacía falta disciplina no fue suficiente, pues en realidad comencé a desarrollarla hasta que estudié en la Academia.

Al principio pensaba que la *disciplina* era algo que otras personas me hacían a mí. Me refiero a, por ejemplo, un hombre de clase superior gritándome en la cara —frente a todo el mundo— cada vez que yo no siguiera órdenes, limpiara mi cuarto o estudiara por la noche. Sin embargo, después de algún tiempo comprendí que la disciplina era lo que yo me hacía o no *a mí mismo*. Poco a poco descubrí que, si no podía disciplinarme solo, jamás me convertiría en líder. Sabía que, hasta que no fuera más disciplinado, la gente seguiría gritándome en la cara.

En el primer mes que pasé en la Academia noté que a muchos de los nuevos reclutas —también conocidos como «*plebes*» en inglés—, les costaba trabajo adoptar la disciplina. Muchos no podían hacer ni lo más elemental como salir de la cama cuando sonaba la corneta a las 6:00 a.m., ni pararse para la inspección antes de ir a clase marchando. A algunos no les gustaba que les dijeran qué uniforme debían usar o que necesitaban cortarse el cabello. Muchos no soportaban que les gritaran cuando rompían las reglas. Reglas tan simples como «Llega temprano, no tarde». Como muchos eran niños malcriados en casa, trataban de seguirlo siendo en la Academia. Los niños malcriados no duraban ni siquiera lo que se conoce como el Plebe Summer —el verano de los recién reclutados—; ni siquiera los más inteligentes.

Yo también estuve a punto de renunciar en la primera semana. La presión fue tan intensa que casi me colapsé en varias ocasiones. Sin embargo me fui adaptando poco a poco y llegué a entender lo que era realmente la disciplina: no tenía que ver con que alguien te gritara o te regañara para que luego hicieras de mala gana lo que te ordenaban. Era mucho más que eso. En la Academia aprendí que hay dos tipos de disciplina: externa e interna. Y conforme los meses pasaron, empecé a comprender que la disciplina externa era mucho más difícil de manejar si carecías de disciplina interna. Entre más trataba yo de vencer al sistema —de hacer trampa, tomar atajos, mentir, desobedecer órdenes—, más severa se volvía la disciplina externa.

Dicho de otra manera, entendí que la vida siempre nos está disciplinando independientemente de si nos agrada la idea o no. Si yo no tengo disciplina en mi forma de comer, por ejemplo, y si carezco del hábito de hacer ejercicio, entonces la vida me disciplina a la fuerza. Si soy un tonto y no busco la manera de educarme para manejar mi dinero, entonces la vida me disciplina quitándomelo. Y si hago trampa, robo o miento, la gente honesta con la que convivo me disciplina evitándome.

Todo mi primer año como novato fue un infierno. Siempre me asignaban alguna tarea adicional como castigo por no obedecer las órdenes. Si llegaba tarde a la Academia cuando regresaba, me daban 10 deméritos y un demérito adicional por cada dos minutos de retraso. Si llegaba 30 minutos tarde, por ejemplo, me daban 25 deméritos: 10 por llegar tarde, más otros 15, uno por cada dos de los 30 minutos de retraso. Asimismo, 25 deméritos significaban 25 horas de tareas adicionales. En otras palabras, cada dos minutos de retraso implicaban que debía trabajar una hora extra haciendo una tarea adicional que podía ser limpiar baños, trapear suelos o raspar y pintar tuberías viejas. Y mientras más tareas adicionales tuvieras por tus problemas de disciplina, menos tiempo te quedaba para las actividades académicas.

Yo estuve a punto de que me expulsaran por mis bajas calificaciones y mala conducta. El número máximo de deméritos que podía recibir un *plebe* en un año, era 300. Si recibías más de 300, te expulsaban de la Academia aunque tuvieras excelentes calificaciones. Yo terminé mi primer año con 286 deméritos y un promedio de calificaciones de 2.01. Poco a poco me di cuenta de que las calificaciones bajas y la mala conducta eran solamente el resultado de mi falta de disciplina.

Para cuando comenzó mi tercer año en la Academia, la disciplina externa comenzó a relajarse pero sólo porque yo ya me había vuelto más organizado y obediente. Por fin estaba entendiendo que si quería ser líder necesitaba un estándar más alto de disciplina interna y externa.

Ahora que soy mayor y tengo más sabiduría, sé que cuando siento la necesidad de mejorar mi calidad de vida —en aspectos como la salud, la riqueza, los amigos, los negocios y la felicidad—, tengo que volverme todavía más disciplinado.

El poder y el Triángulo CRC

El lema del Cuerpo de Infantería de Marina es *Semper Fidelis*, una frase en latín que a menudo se abrevia *Semper Fi* y que quiere decir «Siempre fiel». Esta frase les transmite el sentimiento de lealtad y compromiso a los *Marines*.

Semper Fi significaba la dedicación que los *Marines* le ofrecen de manera individual a «El cuerpo y el país» y a sus compañeros. En pocas palabras, es una forma de vida.

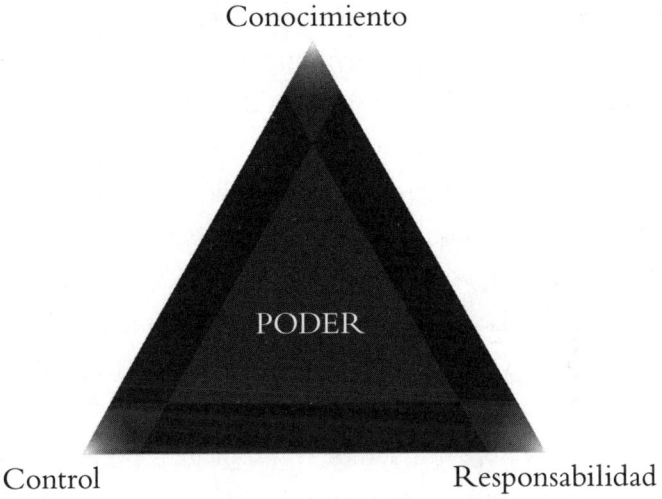

En las fuerzas armadas hay una relación interdependiente entre los crecientes niveles de conocimiento, control y responsabilidad, los cuales coinciden con los también crecientes niveles de poder. La Fuerza Naval de energía nuclear o la fuerza élite de los Submarinos de la Fuerza Naval son un buen ejemplo de esta relación porque ahí es el único lugar de Estados Unidos donde una planta de propulsión es alimentada por energía nuclear para movilizar a un vehículo cuyo único propósito es lanzar una cabeza nuclear cuando así lo ordene el Comandante en Jefe de la Nación. Estos submarinos con misiles o *boomers*, tienen la función de completar la triada aire, tierra y mar en caso de una situación de ataque nuclear.

La película *Marea roja*, con Denzel Washington y Gene Hackman, es una dramatización de lo que implica esta responsabilidad. Sin duda alguna, los requisitos que se les exigen a los oficiales que dirigen estos barcos, son los más estrictos de la Fuerza Naval estadounidense. A los candidatos a oficiales se les exigía —aunque todavía fueran solamente oficiales de la guardia marina—, que hicieran el viaje de Annapolis a Washington D. C. para entrevistarse con el Almirante Hyman Rickover, padre de la Fuerza Naval nuclear, tan sólo para que los tomaran en cuenta para el programa. Muchos nunca pasaron la entrevista y, mucho menos, los meses de estudio seguidos del entrenamiento en la zona del reactor en uso.

Los estrictos estándares de selección y entrenamiento del Almirante Rickover continúan siendo hasta la fecha los más exigentes y rigurosos de todos los programas de la Fuerza Naval. El Almirante y los estándares que él impuso tienen un récord de cero accidentes en el reactor. Este récord contrasta fuertemente con la actividad de la Fuerza Naval de la Unión Soviética, la cual ha perdido varios submarinos debido a accidentes con reactores.

La enorme responsabilidad de transportar y, posiblemente, lanzar bombas nucleares, conlleva la necesidad de un grado de control mucho más alto para asegurar que se cumplan estándares de precisión. Tomando en cuenta que lo que está en juego es nuestra seguridad nacional y lo terribles que serían las consecuencias si se llegara a cometer un error, evidentemente sería irresponsable manejar las cosas de otra manera. Los oficiales de la Fuerza de los Submarinos Nucleares de Estados Unidos requieren un conocimiento mayor, estándares más rigurosos y niveles más altos de control para así asumir la tremenda responsabilidad que les dieron nuestros líderes.

Las cuatro piedras angulares de la disciplina: Cómo se convierte el carbón en diamantes

A continuación verás las cuatro piedras angulares de la disciplina. Todos contamos con estos componentes en nuestro interior.

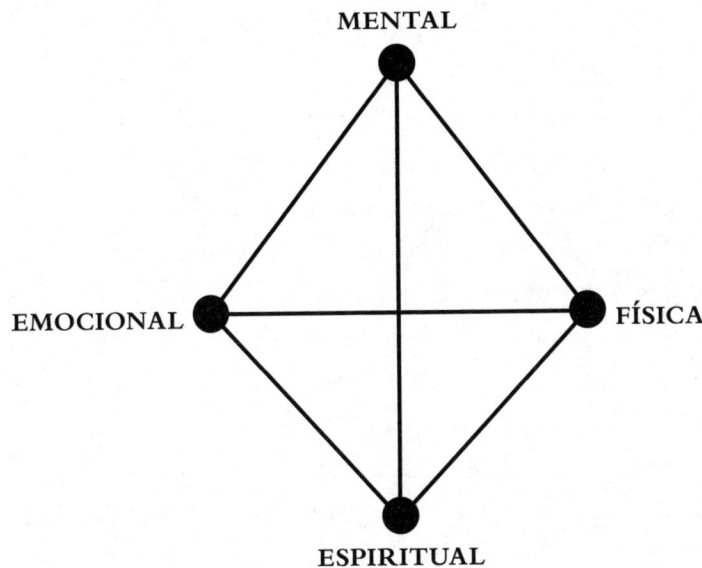

La disciplina tiene un impacto en las cuatro piedras angulares. Para convertir el carbón en diamantes se necesita presión, compresión y tensión en los cuatro puntos de apoyo.

Hay muchas personas que quieren tener más éxito en la vida pero su problema es que no son suficientemente fuertes en las cuatro piedras angulares. Por ejemplo, cualquiera puede decir mentalmente «Necesito bajar de peso» y ponerse a dieta —que es un aspecto físico— pero, luego, tres días después, ven pasar un brownie de chocolate y sus emociones comienzan a rebelarse y a decir «Quiero un brownie. Necesito mi "dosis" de chocolate». Y entonces la dieta llega a su fin.

Para elevarse uno solo y tener una mejor calidad de vida, se requiere ser fuerte... mental, emocional, física y espiritualmente. Cuando una persona fracasa, se estanca o no puede mejorar su vida, es porque una o más de las cuatro piedras angulares tienen poca resistencia. Para convertir las cuatro piedras en diamantes, se necesita el poder de la disciplina porque, sin disciplina, las piedras sólo son puntos de apoyo endebles.

Las preguntas relevantes:

1. ¿Por qué la gente permanece en empleos que no le gustan?
2. ¿Por qué la gente que quiere ser rica fracasa?
3. ¿Por qué fracasan tantos negocios pequeños?
4. ¿Por qué hay tantos negocios que no pueden crecer?
5. ¿Por qué la mayoría de las dietas falla?
6. ¿Por qué la gente no hace ejercicio?
7. ¿Por qué siguen fumando los fumadores?
8. ¿Por qué los perdedores siguen perdiendo?
9. ¿Por qué la gente hace trampa y roba?
10. ¿Qué es lo que provoca que la gente se sienta sola e infeliz?

La respuesta relevante:

La falta de disciplina.

Explicación:
Para pasar al siguiente nivel de la vida se necesita cambiar mental, emocional, física y espiritualmente. Esto, por supuesto, exige disciplina. Por eso el entrenamiento de liderazgo que nos dieron en la Academia me cambió la vida. Ahí no sólo nos educaron mentalmente; por medio de una presión muy intensa, la Academia logró transformarnos en estos cuatro aspectos.

En 1973, cuando regresé de Vietnam y volví a entrar al mundo real después de pasar casi 10 años viviendo en el ámbito militar, sufrí un choque cultural. No podía creer lo indisciplinadas que eran algunas personas del mundo empresarial. No podía creer que la gente llamara a la oficina y dijera que no podía ir a trabajar porque estaba enferma cuando no era cierto, tampoco podía creer que la gente llegara tarde a trabajar o se fuera a casa sin avisarle a nadie. No podía creer que se toleraran los pretextos, las mentiras y la insubordinación. Si yo hubiera actuado así en el Cuerpo de Infantería de Marina, me habrían fusilado al amanecer o, por lo menos, me habrían reprendido muy severamente. Lo que más me perturbaba era la cantidad de gente que sólo hacía las cosas para sí misma sin importarles sus compañeros de trabajo o el negocio. Si yo hubiera hecho algo así en medio del combate cuando era piloto de un helicóptero, me habrían derribado, levantado y vuelto a derribar. Decepcionar a un compañero *Marine* no coincidía con el código, la confianza, la disciplina y el vínculo entre el grupo de hermanos que éramos.

Evidentemente tuve que matizar mis costumbres de miembro de la Infantería de Marina y volverme algo descuidado en medio de la cultura de los negocios. El problema fue que me volví demasiado descuidado, permití que mi autodisciplina se relajara mucho. Por eso, cuando descubrí que estaba fallando en los negocios, supe que se debía a la falta de disciplina. Gracias a la educación recibida en la Academia y en la Infantería de Marina, sabía que el único culpable era yo. Sabía que, antes de mejorar mi vida, debía imponerme estándares más altos de disciplina.

La disciplina en los negocios

Cada vez que alguien dice «No puedo hacerlo», el líder debe evaluar si la persona tiene problemas en el aspecto mental, emocional, físico o espiritual. El líder necesita saber si la persona es capaz de lidiar con el rigor de lo que se le pide.

A veces la gente no puede hacer algunas cosas porque no cuenta con el entrenamiento mental para hacerlo o es incapaz físicamente. Porque tiene una deficiencia emocional y no cuenta con la disciplina necesaria para manejar sus miedos, su ira o su tristeza.

En la actividad empresarial las cuatro piedras angulares reciben una presión enorme, en particular la de la espiritualidad. Si una persona es débil espiritualmente, las otras tres piedras angulares se debilitan y, entonces, le resulta casi imposible soportar el rigor de los negocios.

Los empresarios necesitan ser fuertes en las cuatro piedras angulares. El empresario debe soportar los miedos emocionales de no tener un cheque de nómina constante, seguir funcionando cuando no haya dinero, contar con la habilidad mental para aprender con rapidez —en especial después de cometer un error—, desarrollar la fuerza física para trabajar durante años sin descanso, y la madurez necesaria para responsabilizarse de cada una de las personas asociadas con el negocio. Lo más importante de todo es que debe tener la fortaleza espiritual para ser valiente ante lo endeble que puede llegar a ser lo legal, lo ético y lo moral; contar con carácter y seguir avanzando cuando toda la esperanza se haya perdido. Dicho llanamente, el carácter es una función de la disciplina.

No tiene caso que me pidan que sea programador de computadoras o diseñador de redes porque mentalmente no estoy entrenado; emocionalmente no estoy en disposición de aprender; en lo físico, bueno, podría forzarme a hacerlo pero prefiero contratar a alguien con la preparación necesaria; y, en lo espiritual, soy un flojo para todo lo que se refiere a la tecnología.

Cada vez que escucho a alguien decir: «¿Cómo puedo invertir si no tengo nada de dinero?», debo evaluar de inmediato si la debilidad de esa persona es en lo mental, lo emocional, lo físico o lo espiritual. En la mayoría de los casos la debilidad es espiritual pero, como ya lo mencioné, la fragilidad en una de las piedras debilita a las otras tres.

Pero creo que casi todos hemos escuchado el dicho: «Querer es poder»; y cuando hablamos de la voluntad de una persona, nos referimos a su espíritu. Estando en combate, cuando el miedo llegaba a su punto más alto, lidiábamos físicamente con balas que pasaban junto a nosotros a una velocidad que las hacía prácticamente invisibles. Pero nuestras mentes también actuaban con gran rapidez: observaban, pensaban, disparaban y obedecían órdenes. Si nuestro espíritu se debilitaba, terminábamos muertos. Si nos abandonaba la fortaleza espiritual, las cuatro piedras angulares se separaban y entonces la gente moría.

Esto le sucede a muchas personas que entran al hostil mundo empresarial: si pierden su espíritu, pierden el control mental, emocional y físico. Y entonces el negocio fracasa. Por eso la disciplina —interna y externa— es esencial para enfrentar los agresivos ambientes de la guerra y los negocios. Las disciplinas interna y externa permiten que la gente siga avanzando en tiempos difíciles y llegue al siguiente nivel en la vida.

Cuando le cuento a la gente que mi esposa Kim y yo éramos indigentes y no tuvimos dinero durante más de un año, todos nos preguntan cómo sobrevivimos. Nuestra respuesta es: «Tuvimos que aplicar disciplina mental, emocional, física y espiritual. Ese año pusimos a prueba nuestra alma, nuestra fe y nuestra determinación para triunfar».

Tanto Kim como yo creemos que dios estaba probando nuestro espíritu. En cuanto dios —el creador o cualquier poder en el que creas, o no—, supo que no daríamos marcha atrás y no renunciaríamos, entonces hizo que «la providencia» nos ayudara.

Creo que 1985 fue uno de los años más memorables de los que pasamos en el infierno. Dormimos en los coches y sótanos de varios amigos. No teníamos dinero, trabajo ni automóvil y, con frecuencia, tampoco comida. Sin embargo, seguimos adelante. Poco a poco pero con paso seguro logramos que nuestra mala suerte se convirtiera en buena. Y entre más seguido lo hacíamos, más suerte nos llegaba en forma de oportunidades mágicas y de grandes personas. Para 1994 Kim y yo habíamos alcanzado nuestra libertad financiera.

Hoy en día todavía tenemos algunos años muy malos, pero hemos aprendido que debemos aumentar la disciplina en las cuatro piedras angulares porque eso nos permite seguir avanzando y superar los tiempos difíciles. Sabemos que, antes de que nuestra vida pueda cambiar, tenemos que cambiar nosotros.

Ahora seguimos trabajando, pero no por el dinero sino por la misión. El dinero es sólo la herramienta que usamos para llevar nuestro marcador. En la línea de trabajo en que nos desarrollamos nosotros, el dinero nos permite saber si en verdad estamos practicando lo que predicamos. Nuestros estados financieros nos dicen qué tan bien o mal nos va, de la misma manera en que el marcador de un golfista refleja cómo hece las cosas. Nosotros seguimos trabajando en lo que nos parece que es nuestro mayor don. Nuestra misión es continuar compartiendo lo que sabemos con quienes desean aprender. A pesar de que ya hemos logrado amasar una fortuna que está mucho más allá de lo que nunca soñamos, seguimos poniéndonos a prueba mental, emocional, física y espiritualmente porque, si no nos enfrentáramos a los desafíos cotidianos, nos debilitaríamos.

TODOS LOS DÍAS SON EL DÍA DEL JUICIO FINAL

En los negocios, el Día del Juicio Final no es aquel en que mueres y te encuentras cara a cara con tu creador. El Día del Juicio sucede diariamente, cada vez que te enfrentas al mundo real. Por ejemplo, si revisas tu estado financiero y éste dice que estás quebrado, significa que ha llegado el Día del Juicio Final. Si tu esposa te deja por otro hombre, ése puede ser el Día del Juicio Final. Y si el dinero te empieza a llegar a carretadas, entonces también es el Día del Juicio Final.

Lo que decidas hacer con la retroalimentación que te da cada Día del Juicio, depende de ti. Si no te gusta el reporte y decides cambiar, tal vez necesitarás disciplina mental, emocional, física y espiritual.

Pasos a seguir

Ejercicios para desarrollar tus habilidades de liderazgo

1. Lee esta lección sobre la disciplina y el liderazgo, y discute lo que aprendiste.
2. Para ser más específicos, habla de lo que sabes de las cuatro piedras angulares y de cómo afecta la disciplina a la gente en lo mental, emocional, físico y espiritual.
3. ¿Alguna vez has tenido miedo de decir o hacer algo que sabes que es importante en tu vida? En ese caso, ¿cuál de las cuatro piedras angulares fue la débil?
4. ¿En qué áreas de tu vida eres muy disciplinado y en cuáles no tanto?

En lo que se refiere a la disciplina, la gente tiene distintas fortalezas y debilidades. Por ejemplo, a una persona tal vez le encante estudiar y por eso es organizada para hacerlo. Sin embargo, esa misma persona podría tener miedo de cometer errores y fracasar al aplicar lo que aprendió estudiando.

5. La disciplina externa la provee alguien con autoridad para imponer presión y restricciones en tu vida. Por ejemplo, si quieres ser una persona más sana, tal vez puedas contratar a un entrenador para que te ejercite. Y si quieres que tus finanzas mejoren, contrata a un entrenador especializado en asuntos financieros.

La autodisciplina consiste en lograr por ti mismo el éxito que quieres. Si te das cuenta de que te cuesta trabajo pasar a un nivel superior, tal vez debas contratar a un entrenador más agresivo. Por eso la mayoría de los atletas tienen entrenadores de desempeño y rendimiento. Lo mismo sucede en los negocios y las inversiones. En otras palabras, sólo los profesionales emplean entrenadores, los aficionados, no.

6. Habla sobre las áreas de tu vida en las que te vendría bien tener más disciplina externa.
7. ¿A qué niveles de mejoría te gustaría llegar en tu vida? Para ser más específicos, ¿a qué niveles te gustaría llegar en las áreas de salud, riqueza y felicidad? Para poner un ejemplo, ¿qué debes hacer para que a tu cuenta entre más dinero del que sale?
8. ¿De qué forma te serviría tener más disciplina para llegar a esos niveles en tu vida?
9. Habla sobre los líderes que tienen una disciplina tremenda y los que no. ¿Cuáles son los resultados en cada caso? El presidente Bill Clinton, por ejemplo, habría sido un líder mucho más influyente de no ser por sus escándalos sexuales. Nombra a otros líderes que hayan caído debido a problemas de moral, éticos o legales.
10. ¿Cuáles son las diferencias entre los problemas morales, los éticos y los legales? Tal vez puedes usar un diccionario para aprender las definiciones precisas de estas palabras antes de comenzar a hablar de ellas.

Un último comentario

En 1971 recibí mis alas en Pensacola, Florida. Me convertí oficialmente en piloto militar profesional. La siguiente parada fue Camp Pendleton, en California —para aprender sobre armas y cohetes—, y luego fui a Vietnam.

El día que instalaron los cohetes y las ametralladoras en mi aeronave, mi vida volvió a cambiar. El hecho de estar sentado en una pista de aterrizaje en Camp Pendleton y saber que en algún lugar de Vietnam había otros hombres y mujeres jóvenes que también se preparaban para la guerra, me dio una nueva perspectiva de la importancia de la disciplina.

Durante los siguientes nueve meses, el entrenamiento en California fue más intenso que el de la escuela de vuelo en Florida. Yo nunca había experimentado un nivel de presión tan fuerte, pero me quedó claro que era para obligarme a ser el mejor piloto posible. Necesitaba más disciplina porque me estaba preparando para un ambiente en el que no había segundo lugar ni segundas oportunidades. El ambiente de la guerra no es el mismo que el de las competencias deportivas en que los perdedores solamente empacan su equipo y regresan a casa. En la guerra, mueres o matas. Y los perdedores no vuelven nunca a su hogar.

Te repito nuevamente que lo que llevaba a los nuevos pilotos a otros niveles más altos de habilidad para sobrevivir en el ambiente más hostil posible era la disciplina. Hoy en día uso el poder de la disciplina en el mundo empresarial, que es el segundo ambiente más hostil conocido por el hombre o la mujer.

Creo que todos los seres humanos tienen un tremendo poder al que no han tenido acceso necesariamente. La disciplina es una de las claves para llegar a ese poder. Al enfocarnos en nuestros poderes mentales, físicos, emocionales y espirituales, permitimos que aflore esa persona mágica que vive en el interior de cada uno de nosotros.

Para resumir, la disciplina implica hacer lo que se debe hacer, en el momento preciso, incluso si no quieres hacerlo.

El Reporte de Robb

Con frecuencia Robert dice que en las escuelas militares se enseña la disciplina de la disciplina, y estoy seguro de que así es, pero yo he descubierto también que el pensamiento militar integral es una especie de maestro. Las fuerzas armadas exigen disciplina. Ahí no tienes opción. Si formas parte de estas instituciones y no cuentas con ella, seguramente sufrirás. Y tus compañeros también.

Sin embargo, no se trata sólo del sufrimiento. Las fuerzas armadas te imponen la disciplina pero quien me hizo comprender a mí que también estaba recibiendo beneficios al aceptar de lleno esta forma de pensar y comportarme, fue uno de mis Comandantes de Compañía.

Nuestros Comandantes de Compañía venían a nuestra barraca todas las mañanas, y nosotros siempre estábamos aterrados y muy atentos de no hacer contacto visual porque temíamos exhibir alguna debilidad. El Comandante en turno caminaba por nuestra barraca y luego se detenía. Giraba y miraba de frente a algún recluta que elegía al azar.

«¿Por qué boleó sus botas así?», preguntó el Comandante en una ocasión.

«Para obtener un brillo óptimo», respondió el pobre marino.

«¿Por qué quiere que brillen las botas?»

«Mmm... para representar a la Fuerza Naval de los Estados Unidos de la mejor manera posible», contestó el recluta subiendo ligeramente el volumen de su voz al final de la oración. Es decir, estaba contestando pero, al mismo tiempo, casi estaba preguntando para asegurarse de que su respuesta era correcta.

Nuestro Comandante de Compañía (o C. C.) no sonrió ni un poquito.

«¿Por qué?», continuó preguntando. Y el recluta le dio la respuesta que, según él, sonaba mejor que todas las otras. Luego el Comandante repitió la misma pregunta una y otra y otra vez.

Finalmente, cuando las rodillas estaban a punto de doblársele al pobre recluta, le dijo al Comandante:

«Porque si no, tendré que darle varias vueltas corriendo a la pista, señor.»

Tras escuchar esa respuesta, el Comandante nos permitió relajarnos. Sonrió y salió del lugar.

Esto sucedió todas las mañanas durante varias semanas. Ahora sabíamos lo que el C. C. quería escuchar y respondíamos sus preguntas de la misma manera todos los días: «Porque si no, tendré que darle varias vueltas corriendo a la pista, señor».

Todo siguió igual hasta que un día nuestro C. C. llegó a la barraca y le pidió al Marino Recluta Perry que le mostrara al escuadrón su casillero, el cual estaba lleno de uniformes, artículos de baño y cartas que le habían llegado de casa. Perry obedeció.

«¿Por qué está su casillero organizado perfectamente?», le preguntó el C. C.

Efectivamente, todo estaba alineado a la perfección. Las camisas estaban dobladas inmaculadamente, incluso las cartas de su novia estaban dentro de sus sobres. Se veían tan pulcras que me pregunté si de verdad las habría leído.

¿Cuál fue la respuesta del recluta? Adivinaste: «Porque si no, tendré que darle varias vueltas corriendo a la pista, señor».

«Eso no es verdad, Marino Recluta Perry. No hay ninguna regulación para el manejo del interior de su casillero.»

Perry se puso lívido. No tenía idea de qué decir. Comenzó a sudar.

Pero el C. C. mostró piedad. «¿Será posible, Marino Recluta Perry, que usted haya comprendido que la disciplina y la organización son dos aspectos que deben apreciarse? ¿Que la disciplina hace algo más que convertirlo en un gran marinero? ¿Que también hace que su vida sea mejor?»

El C. C. se quedó mirando a Perry y, mientras todos esperábamos que nuestro compañero contestara, empecé a analizar las preguntas. ¿Ya me había yo percatado de eso? ¿Creía que era verdad? Sí, lo creía. Había comenzado a apreciar el valor de la disciplina. Era algo a lo que me había comprometido. No me había dado cuenta antes pero en ese momento se hizo evidente. Ya sabía que siempre mantendría limpio el lugar donde vivía, siempre doblaría mis uniformes como me enseñaron. En algún momento también me había dado cuenta de que la disciplina hacía que mi vida fuera mejor, y que yo no era disciplinado porque me forzaran a serlo sino porque yo quería.

—Robb LeCount

Capítulo seis

LECCIÓN DE LIDERAZGO #4
El poder del respeto

Al león se le conoce como el Rey de la Selva. Todos saben que los leones son fuertes y que los otros animales les temen y respetan su poder. Aunque los leones solitarios son feroces, cuando cazan lo hacen como equipo, como manada.

Los leopardos también son animales temidos y respetados. A ellos no se les conoce como los «reyes de la selva» porque, por lo general, cazan con sigilo, astucia y silencio. Además, suelen cazar como depredadores solitarios.

Las escuelas tradicionales se enfocan en que el estudiante se vuelva fuerte como individuo. Los estudiantes hacen los exámenes solos y los maestros consideran que la cooperación equivale a hacer trampa. Las escuelas refuerzan la noción de que en la vida sólo sobrevive el más fuerte; el *individuo* más fuerte, para ser precisos. Los estudiantes más débiles tienen que ser eliminados y tratados como subespecies porque no poseen lo necesario para subir por las escaleras del poder. La competencia para obtener las mejores calificaciones en realidad se convierte en un entrenamiento para cuando los estudiantes lleguen a la violenta vida real en que todos tienen que escalar para alcanzar la cima... solos.

Las escuelas tradicionales se enfocan en preparar a los estudiantes para que se conviertan en leopardos pero en la mayoría de los casos, los reyes de la industria y el comercio prefieren elegir un camino educativo que los prepare para ser leones; esto es, generalistas que se transforman en líderes de equipos destinados a tener éxito.

La educación militar comienza por hacer que el individuo colapse. Luego se le vuelve a construir mental, emocional, física y espiritualmente. Después, a estos hombres y mujeres se les entrena para funcionar como equipo y prestar su servicio a Dios y a su país.

Cuando uno forma parte de las fuerzas armadas, especialmente en un barco o una aeronave, es difícil aislarse y no tener contacto con otros porque los espacios son demasiado pequeños. En este contexto, el respeto es totalmente indispensable para que las cosas funcionen para el equipo. Ya en combate, el respeto resulta incluso más importante que el rango, y por eso es un tema tan importante en las escuelas militares.

El respeto es esencial para el orgullo individual y de la organización. Las academias militares se enfocan en entrenar a los estudiantes para que sean leones.

En la Academia y en el Cuerpo de Infantería de Marina, el respeto era un tema muy importante. A los novatos —o *plebes*— nos enseñaron de inmediato que teníamos que respetar a los oficiales superiores, incluso si teníamos la misma edad que ellos (entre 17 y 21 años).

Sin embargo, la falta de respeto era un tema todavía más importante. Faltarle el respeto a alguien era algo totalmente intolerable. La insolencia era mucho más que una infracción, era casi un pecado. Por eso se le castigaba con mucha severidad. En cuanto llegamos nos enseñaron a respetar a quienes estaban por encima de nosotros, a los que estaban a nuestro nivel y a los que estaban en un nivel más bajo. Aunque no había mujeres en la Academia, nos dieron clases para enseñarnos a ser oficiales y caballeros; de hecho estas clases se enfocaban en el trato que debíamos tener con las damas. También teníamos clases en las que nos enseñaban a comer siguiendo las reglas de etiqueta: cómo sostener un cuchillo y un tenedor, cómo hacer un brindis y cómo mantener una conversación animada pero respetuosa en la mesa.

El respeto y la falta del mismo eran temas muy delicados, en especial para los adolescentes porque, cuando eres joven, está bien visto que les faltes el respeto a los demás. Ser fanfarrón y contestarles de mala gana a otros parecía algo súper atractivo. De hecho, respetar a los demás se tomaba como indicador de que eras un pelele o un lamebotas. El contraste entre el respeto y la insolencia era un tema de gran importancia en la Academia y en la Infantería de Marina.

Las enseñanzas que nos daban sobre el respeto y la insolencia rendían frutos cuando estábamos en combate. Los oficiales que no respetaban a sus tropas generalmente terminaban muertos, asesinados por la espalda. Estando en combate aprendí que un soldado de la fuerza naval era tan importante como un general.

Cuando me incorporé al mundo de los negocios en 1974, me conmocionó ver la enorme cantidad de insolencia que la gente toleraba. En este entorno resulta normal que la gente crea que los mejores gerentes son aquellos que tratan con más insolencia a sus empleados.

Hoy leí algo acerca de unos gerentes que se quejaban de la falta de respeto por parte de sus subordinados, y recordé una lección que aprendí en la escuela militar y que se puede aplicar aquí perfectamente: el respeto se tiene que dar antes de poder recibirse. La capacidad de brindar respeto y ser sensible a cualquier manifestación de insolencia, fue parte fundamental de mi educación militar. El respeto sirve para construir el orgullo, y el orgullo es esencial para los leones, los humanos y las organizaciones. El respeto es esencial para los líderes y el liderazgo.

EL ABC MILITAR:
SIEMPRE CUIDA A LOS OTROS

En el mundo de las ventas, las siglas ABC significan *Always Be Closing:* Siempre cierra tu venta. En otras palabras, el vendedor tiene que encontrar la manera de acallar las objeciones del comprador mientras está tomando la orden.

Creo que la mayoría de la gente ha tenido la oportunidad de ver una venta agresiva, y creo que a casi todos este proceso les resulta ofensivo. Sin embargo, la fórmula ABC —siempre cierra tu venta— es la estrategia más enseñada en los entrenamientos de ventas.

Aunque es importante tomar una orden y cerrar una venta, los vendedores más exitosos saben que es más fácil hacerlo si el cliente sabe que de verdad le interesa al vendedor. A nadie le agradan los vendedores que piensan más en su comisión que en las necesidades de su comprador.

En el entorno militar, las siglas ABC corresponden a la frase *Always Be Caring:* Siempre cuida a los otros. Si el soldado sabe de antemano que el regaño que le dan es para su propio bien y el del equipo y la misión, siempre va a responder bien, incluso si los regaños son severos.

En las fuerzas armadas la gente se preocupa por los siguientes aspectos en el orden en que se presentan:

1. Misión
2. Equipo
3. Individuo

En el mundo de los negocios la gente se preocupa muy a menudo sólo por lo siguiente:

1. Lo que quiera que sea que tenga yo enfrente.

El poder de la retroalimentación

En la academia nos entrenaron para dar nuestra opinión y para ofrecer retroalimentación, pero también para recibirla. Que todos los días te digan las cosas que haces mal, puede afectarte, pero sólo si lo permites. Como no es fácil aceptar las críticas severas, a nosotros nos entrenaron para entender su valor y aceptarlo. De hecho, aprender a aceptar las críticas nos hizo más fuertes, nos dio más confianza en nosotros mismos, nos permitió empezar a aprender más rápido y nos ayudó a dejar de tomar los regaños como algo personal. Aprendimos a recibir opiniones sin reaccionar visceralmente. Nos entrenaron para evitar que la crítica lastimara nuestros sentimientos y para que la aprovecháramos para fortalecer nuestra mente, cuerpo y espíritu.

Después de que nos enseñaron a recibir opiniones y retroalimentación, nos enseñaron a retroalimentar a otros. A mí me parece que, de cierta forma, dar retroalimentación a otros resulta más difícil que recibirla. En las fuerzas armadas dar tu opinión u ofrecer retroalimentación no quiere decir que sólo le vas a gritar a alguien. Nosotros tuvimos que aprender a hacerlo de distintas maneras. Independientemente de si la retroalimentación se hacía por medio de gritos, burlas o acoso, debíamos hacerle saber a la otra persona que nos importaba y estábamos cuidando de ella, del equipo y de la misión. La crítica que no demostraba que se hacía para cuidar al otro, sólo desencadenaba ira y resentimiento; a menudo provocaba que al líder le saliera el tiro por la culata.

En una ocasión, uno de los instructores nos dijo: «No importa si están alabando o reprimiendo a otra persona, nunca olviden mostrar cuidado y preocupación. Antes de criticar a alguien, tienen que buscar en sus corazones la compasión necesaria para tratar a las otras personas. La comunicación siempre se facilita si hay un puente de cariño y cuidado por los otros». Esta enseñanza la apliqué a lo largo de toda mi carrera militar y luego en el mundo de los negocios; de hecho, realmente creo que fue lo que permitió que mi tripulación volviera a salvo a casa después de la guerra. En mi opinión, ésta enseñanza te ayuda a tener éxito en los negocios. Siempre que vendo algo me esfuerzo por recordar que «Debo cuidar a los otros.» Incluso cuando tengo que despedir a alguien busco hacerlo con compasión.

Me parece muy triste que la expresión «Se le botaron las cabras» —en referencia a los perpetradores de masacres— se haya convertido en una broma, en una especie de chiste. Tengo la sospecha de que ahora hay más incidentes de asesinatos masivos en los negocios y en los campus universitarios debido a la falta de respeto, a nuestra incapacidad para cuidar de los otros y al liderazgo deficiente.

En la Academia y en la Infantería de Marina todo el tiempo nos recordaban que los líderes deben preocuparse por los otros más de lo que se preocupan por sí mismos.

El liderazgo es una función de la comunicación

A continuación verás una imagen del Triángulo D-I, el cual contiene las 8 Integridades de un Negocio. Verás que el triángulo se enfoca en las áreas de comunicación y liderazgo.

Dicho llanamente, «El liderazgo es una función de la comunicación, y entre mejor sea el comunicador, mejor será el líder y más fuerte será la organización».

En realidad todo el Triángulo D-I tiene que ver con la comunicación. Por ejemplo, los abogados van a la escuela para aprender el lenguaje de la ley; los ingenieros de sistemas van para aprender el lenguaje de la ingeniería; los contadores, el de las finanzas y el flujo de dinero o efectivo; y los mercadólogos, el de las ventas y la comercialización. Ése es el problema precisamente, que en las cinco especialidades del Triángulo D-I —del producto al flujo de efectivo—, se hablan lenguajes distintos. La gente de comercialización no sabe cómo hablarles a los contadores, y los abogados no saben cómo hablar con la gente que diseña productos. Para que un negocio sobreviva y prospere, es necesario que las cinco especialidades centrales del Triángulo aprendan a comunicarse entre sí. Por eso el papel del liderazgo es crucial para la misión.

El exterior del Triángulo D-I está conformado por tres elementos fundamentales para que la organización mantenga su integridad estructural. Estos elementos son la misión, el liderazgo y el equipo.

El líder tiene dos tareas básicas en lo que se refiere a la comunicación:

1. El líder debe insistir en respetar y cuidar a los otros en todos los procesos de la comunicación que se produzcan en el interior de la organización, así como en los del exterior. Si la persona que transmite la información no actúa con respeto y amabilidad, habrá una cantidad adicional de descontento, ira y luchas internas en la organización. Si no hay respeto y amabilidad, los clientes buscarán otra empresa con la cual hacer negocios. Te repito que esto no significa que el líder tenga que ser empalagoso e hipócrita. Un líder debe ser auténtico, sincero y amable, incluso si está enojado.

2. El líder debe conocer el lenguaje de las cinco especialidades centrales, así como el lenguaje de la misión, el equipo y el liderazgo. El líder, por ejemplo, debe entender la función y el lenguaje de la comercialización, así como el lenguaje y el papel que juegan los asuntos legales. Lo mismo debe suceder con las otras especialidades. Dicho de otra manera, el líder debe saber un poquito de todo y ser respetuoso con lo que otros saben y él, o ella, no.

En la mayoría de las organizaciones suele haber cierto desacuerdo entre las especialidades profesionales. A la gente de comercialización, por ejemplo, con frecuencia le cuesta trabajo comunicarse con la gente de asesoría legal. Por esta razón, los líderes tienen que reforzar la comunicación amable y respetuosa dentro de la organización, sin favorecer a ninguna especialidad. Dicho llanamente, el líder no tiene por qué saberlo todo pero debe ser respetuoso y amable con toda la organización y con la gente a la que ésta le presta sus servicios.

Uno de los problemas de ascender al jefe o jefa de alguna de las secciones —contable, legal, de sistemas o de comercialización— y permitir que forme parte de los líderes de toda la organización, es que cada persona va a favorecer a su especialidad y a minimizar la importancia de las otras.

Por último quiero comentar que siempre y cuando continúen siendo amables y respetuosos por el bien común, los líderes no tienen por qué saberlo todo. Los líderes y los empresarios son generalistas que se rodean de especialistas capaces de aportarle al equipo un conocimiento específico y preciso en cada área.

Para prepararnos para el papel de líderes, en la Academia nos obligaban a aprender todo lo referente a los barcos. Yo, por ejemplo, tuve que entender todo lo que sucedía en el cuarto de máquinas y ser capaz de comunicarme con los ingenieros. En el año que pasamos en el mar nos exigieron pasar cierto número de horas diarias tripulando el barco para sentir los distintos ángulos de navegación. Cuando estábamos en el puerto estudiábamos las operaciones en los muelles, la técnica de reabastecimiento de combustible, la forma de reabastecimiento del barco tanto de agua como de comida en puertos extranjeros, las leyes marítimas internacionales y la forma de subir y bajar cargamento al barco.

Durante cuatro años nos metieron en la cabeza el concepto de que el liderazgo era una función de la comunicación. En nuestro primer año estudiamos el Código Morse para comunicarnos con otros barcos por medio de reflectores de señales. También estudiamos el código de señales con banderas. De hecho nos exigieron aprender a usarlas para comunicar nuestro estatus y posición. Una bandera roja en el mástil, por ejemplo, significaba que en ese momento representábamos un peligro porque tal vez estábamos reabasteciéndonos de combustible.

Cuando entré a la escuela de vuelo pasé por el mismo proceso. Antes de que nos permitieran volar tuvimos que conocer a fondo el avión y la organización necesaria para mantenerlo volando. Los estudiantes teníamos que hablar con los especialistas en radio, los especialistas en metal y estructuras de aeronaves, los mecánicos de motores de jets y los especialistas en armamento y cohetes. El liderazgo estaba directamente relacionado con el lenguaje y la comunicación, con cuidar y respetar a los otros. Estas dos últimas acciones eran de particular importancia para los pilotos que queríamos que nuestro avión se mantuviera en el aire.

Equipo y respeto

Desde el primer día nos enseñaron a marchar formados, sincronizados, y a obedecer las órdenes en equipo. Ya estando en combate, también cazábamos colectivamente. Si algún soldado resultaba herido, nos quedábamos con él lo más posible. Dejar atrás a un compañero en problemas más que un crimen, era un pecado e iba en contra de nuestro código.

Todos éramos *Marines* y por eso sabíamos perfectamente lo que significaba estar tirado en el suelo con un rifle. Entendíamos por lo que estaba pasando el individuo que estaba en esa situación. Sabíamos lo que sentía, y eso hacía que nos sintiéramos más compenetrados como equipo con los hombres caídos.

Uno de los aspectos más desmoralizantes del combate era pedir permiso para disparar. En varias ocasiones, antes de poder disparar, tuvimos que llamar a control central para pedir permiso. No había nada más deprimente que tener que decir: «Enemigo a la vista. Solicito permiso para atacar».

Luego escuchábamos al otro lado de la línea una voz que, como si fuera la de Dios, nos indicaba: «Esperen».

—¿Que esperemos? —gritaba yo—. El enemigo se aleja. En cinco segundos ya se habrán ido todos.

«No podemos dar permiso. Esperen», era la respuesta.

Y un instante después, los enemigos ya se habían ido. Seguían vivos y libres para volver a matar al día siguiente, y todo porque yo tuve que pedir permiso para disparar.

Más adelante me enteré de que en algunas misiones en las que se tuvo que pedir permiso para disparar, la autorización había sido emitida por algún burócrata de Washington. Hasta la fecha me sigue enfermando la idea de que nuestros presidentes —Bill Clinton, George W. Bush y Barack Obama—, no cuenten con experiencia militar pero sí hayan tenido, o sigan teniendo, el poder de enviar a la guerra a hombres y mujeres jóvenes.

Y en el caso del sector empresarial, me enferma saber que hay contadores, abogados, diseñadores de redes o ingenieros —gente que no cuenta con ninguna experiencia de primera mano en los negocios—, que toman decisiones de manera aislada, sin comunicarse con los demás integrantes del equipo.

En la actualidad hay demasiados líderes políticos, académicos, religiosos y empresariales que toman decisiones desde torres de marfil de inexperiencia. A mucha gente que tiene una sólida preparación académica se le olvida lo que significa estar en la línea de batalla, y por eso sus decisiones reflejan falta de experiencia en el mundo real.

Ahora que soy líder de un negocio, trato de recordar cómo funcionaban las tropas en el frente y siempre tengo en mente que mi misión es mantener vivos a mi equipo y a mis clientes.

Pasos a seguir

Ejercicios para desarrollar tus habilidades de liderazgo

1. Habla de las diferencias que hay entre los rasgos de los leones y los de los leopardos, y menciona por qué se dice que el león es el Rey de la Selva.
2. ¿Por qué las siglas ABC *(Always Be Caring* — Siempre cuida a los otros) son importantes en la comunicación? ¿Incluso cuando hay enojo de por medio?
3. ¿Por qué el respeto es más importante para los leones que para los leopardos?
4. ¿Por qué el liderazgo es una función de las habilidades de comunicación?
5. ¿Por qué las escuelas militares se enfocan en enseñarles a los estudiantes que deben saber un poco sobre todo y las escuelas tradicionales se enfocan en que los estudiantes aprendan muchísimo sobre un tema específico?
6. ¿En qué se parece la educación de las escuelas militarizadas a la escuela que necesita un empresario?
7. ¿Tú para qué sirves más? ¿Para ser león o leopardo?
8. ¿Cómo mejorar tus habilidades de comunicación?
9. ¿Cómo ser un mejor comunicador y al mismo tiempo seguir cuidando y preocupándote por los demás?
10. Si estás enojado o necesitas corregir a alguien, ¿qué hacer para ser más compasivo antes de comenzar a comunicarte?

En la escuela militar nos inculcaron que debíamos ser respetuosos.

1. Recuerda una ocasión en que alguien haya sido respetuoso contigo. ¿Cómo te hizo sentir? Recuerda una ocasión en que alguien te haya faltado el respeto . ¿Cómo te hizo sentir?
2. Recuerda una ocasión en que hayas sido respetuoso con alguien. ¿Cómo te sentiste? Recuerda una ocasión en que le hayas faltado el respeto a alguien. ¿Cómo te sentiste?
3. Discute acerca del poder del respeto y de la falta del mismo.
    (El punto es que si eres respetuoso, tendrás todo lo que deseas pero, si no, todo te va a costar mucho).
4. ¿Cuál es el precio que se paga en los negocios si se es irrespetuoso? ¿Cuál es el premio para quienes son respetuosos?

Un último comentario

En la Academia y en el Cuerpo de Infantería de Marina conocí el increíble poder del respeto y las aterradoras consecuencias de la insolencia.

Cuando era piloto y estaba en el frente, desarrollé una profunda admiración por mis hombres y por el enemigo. Yo en lo personal no odiaba a los norvietnamitas ni al Viet Cong. Entendía por qué peleaban con tantas ganas a pesar de que Estados Unidos contaba con armas y tecnología superiores. En mi opinión, una de las razones por las que perdimos la guerra es que nuestros líderes no respetaban al enemigo. Nuestros líderes eran arrogantes, estaban lejos del frente, no tenían contacto con la realidad y eran irrespetuosos con la espiritualidad del enemigo. Y, por cierto, creo que actualmente estamos haciendo lo mismo en Medio Oriente.

El Reporte de Robb

El respeto es algo muy poderoso. En algunos capítulos más hablaremos de la unidad. Creo en el respeto como la base de la unidad y, por lo tanto, tal vez también sea uno de los elementos más importantes del liderazgo.

El respeto es una relación simbiótica. ¿Respetas a alguien y luego estableces un vínculo? ¿O primero estableces un vínculo que se va convirtiendo en respeto? Creo que ambas cosas suceden porque el respeto fluye.

Hasta el momento he compartido contigo algunas historias con una visión positiva del liderazgo. Las fuerzas armadas producen grandes líderes pero incluso ahí siempre hay alguien que llega a una posición de poder sin haberla ganado. Cuando eso sucede, ¿respetas a esas personas? ¿Respetas el puesto, incluso si no puedes respetar a la persona?

Si eres civil puedes darte el lujo de elegir a quién respetar, pero en las fuerzas armadas debes obedecer el rango incluso si no respetas al individuo. Esto es lo que permite que haya una estructura fundamental, una cadena de mando que no puede ser quebrantada. Ser insolente con un marinero que tiene un rango mayor, es una ofensa sancionable.

Yo respeto a la gente más que a los títulos, así que cuando conocí a cierto Oficial de Mantenimiento al que no podía respetar, no lo respeté sólo por su título. A mi unidad, sin embargo, sí la honraba, y por eso decidí obedecer las órdenes del Oficial. Digamos que no le mostré respeto pero tampoco fui insolente con él.

Yo respetaba la opción de vivir una vida disciplinada. Respetaba a mi unidad porque sus integrantes habían elegido lo mismo y hecho los mismos compromisos que yo. Debido a que mi vida era integralmente una vida de respeto, actué en congruencia a pesar de que nuestro líder no se había ganado la autoridad que tenía. Y así siguieron las cosas hasta que me enviaron a la Antártida. Mi escuadrón era como mi familia; además del código militar, teníamos otro que también obedecíamos. Nos cuidábamos entre nosotros. Nos desafiábamos y, cuando uno fallaba, todos asumíamos las consecuencias.

Llevábamos tres meses en la misión en Antártida cuando nuestro Oficial de Mantenimiento fue reasignado a una nueva unidad y nos enviaron a un remplazo. Ahí aprendí que cuando hay un mal líder en las fuerzas armada lo mandan muy, muy lejos. Por desgracia, en este caso enviaron al oficial en cuestión a la Antártida, a la estación en donde yo me encontraba desplegado.

Robert ha dicho: «En el mundo militar hay que obedecer el ABC», es decir: Siempre cuidar a los otros. Si el soldado sabe que el regaño que le dan es por su propio bien y el del equipo y la misión, siempre va a responder bien, incluso a regaños severos.

En las fuerzas armadas la gente se preocupa por los siguientes aspectos en el orden en que se presentan:

1. Misión
2. Equipo
3. Individuo

A mi nuevo Oficial de Mantenimiento (O. M.) no le importaba nada excepto él mismo. Sólo comenzaba a gruñir y dar órdenes peligrosas, pues cambiaba las políticas y los procesos. En Antártida hay una forma muy específica de hacer las cosas. El hostil clima y las situaciones peligrosas exigían que fuéramos muy cuidadosos y metódicos pero el O. M. nunca invertía tiempo ni se esforzaba por aprender estos protocolos. En consecuencia, las decisiones que tomaba nos ponían en riesgo a todos.

Yo no podía obedecer en esa situación. Por desgracia, el respeto no lo regalan, tiene que ganarse. Tal vez el Oficial había ganado respeto en el pasado pero, si ahora estaba dependiendo de sus acciones previas para que la gente confiara en él, entonces estaba en problemas. Creo firmemente que el respeto no se obtiene con una sola acción, sino con las acciones de toda una vida.

Este nuevo O. M. estaba poniendo en peligro a la misión, al equipo y mi vida. Me reuní con un par de compañeros de otros equipos y nos pusimos a pensar qué podíamos hacer. Ya en conjunto llegamos a la conclusión de que teníamos que proteger la Misión, al Equipo y nuestra vida sin importar el castigo que nos impusieran por ello.

Todos tomamos la decisión correcta. Respetamos lo que teníamos que respetar. Muy poco tiempo después nuestro O. M. violó las reglas del escuadrón y sufrió cierto grado de congelamiento. Entonces lo regresaron a los Estados Unidos para que recibiera atención médica y para que «lo volvieran a entrenar». Pero créeme, nadie en su sano juicio quiere que lo «vuelvan a entrenar».

—Robb LeCount

Capítulo siete

LECCIÓN DE LIDERAZGO #5
La importancia de la velocidad

Cuando entras a un restaurante McDonald's de comida rápida y dices: «Quiero una Big Mac, unos McNuggets de pollo, dos órdenes de papas fritas —una chica y otra extragrande—, una Diet Coke grande y una Coca Cola mediana», ¿cuánto tiempo pasa antes de que te entreguen tu orden? ¿Dos minutos? ¿Cinco? ¿Diez?

¿Qué sucedería si pasaran treinta minutos? ¿Esperarías pacientemente? ¿Te quejarías? ¿Te irías a Burger King?

¿Qué pasaría si el empleado te dijera, «Lo siento, se nos acabaron las papas fritas. ¿En lugar de eso quiere una orden de arroz?». ¿Qué harías? ¿Cómo reaccionarías?

En el mundo de la comida ultrarrápida de la actualidad, el líder debe ser capaz de dominar los controles de la velocidad organizacional. Actualmente la gente y las organizaciones lentas están pasadas de moda y muy pronto tampoco formarán parte del mundo de los negocios.

En la Segunda Guerra Mundial los submarinos alemanes torpedearon millones de toneladas de barcos mercantes que transportaban mercancía para la guerra en Europa. Esto forzó a la Academia de la Marina Mercante de Estados Unidos a entrenar a los oficiales de los barcos para que pudieran navegar como convoyes de barcos mercantes protegidos por los buques de guerra de la Fuerza Naval estadounidense, en lugar de barcos individuales. El problema era que la mayor velocidad que podía alcanzar el convoy era la del barco más lento.

El entrenamiento de liderazgo en la Academia no sólo se enfocaba en la tripulación de tu barco sino también en los movimientos ordenados y precisos de muchos barcos más. Teníamos un instructor que había navegado en tres convoyes a Europa durante la Segunda Guerra Mundial y nunca completó el viaje porque su barco fue alcanzado por torpedos en las tres ocasiones.

El convoy continuó su travesía pero a nuestro instructor lo enviaron de vuelta a Estados Unidos después de que lo rescataron. Él mismo nos contó lo siguiente: «No hay nada más frustrante que navegar en una nave rápida pero tener que retrasarte porque la mayor velocidad que puedes alcanzar es la del barco más lento. YO detestaba ser el patito lento. Todos queríamos aprovechar nuestra potencia para correr pero debíamos mantener la misma velocidad de los barcos más lentos. De hecho todavía tengo pesadillas en las que el torpedo rasga el costado de mi barco y luego sólo se escucha el mortal silencio y, por último... la explosión». Nuestro entrenador era uno de los mejores y de los más interesantes de la Academia. Gracias a él desarrollamos un respeto especial por las velocidades organizacionales.

En la actualidad se pierden millones de empleos porque los líderes de muchos negocios son muy lentos. Piensa en General Motors, por ejemplo. GM fue durante muchos años la mayor empresa manufacturera de automóviles del mundo. ¿Pero dónde se encuentran ahora? Los líderes corporativos y sindicales no pudieron ajustarse a nuestro cambiante mundo. Quiebras, rescates y toda una batalla para seguirles el paso a los otros y continuar siendo un negocio rentable en medio de un mundo con un ritmo vertiginoso que no deja de cambiar. Los costos —medidos en pérdidas humanas y económicas—, han sido altísimos. Y como dice el dicho: «Camarón que se duerme, se lo lleva la corriente».

Las cuatro velocidades organizacionales

Los líderes militares y empresariales necesitan tener control sobre cuatro tipos distintos de velocidad organizacional:

1. Velocidad angular
2. Velocidad de proceso
3. Velocidad de buchaca o de bolsillo
4. Velocidad de gradiente

A continuación encontraras una explicación de cada tipo de velocidad. Después de las explicaciones hay varios ejercicios físicos que puedes realizar para entender mejor cada tipo.

Velocidad angular

La órbita que describe la Tierra alrededor del Sol es un ejemplo de la velocidad angular. Si la velocidad angular no existiera, la Tierra dejaría de rotar y caería al Sol.

Ejercicio: Hay cinco pasos para experimentar la velocidad angular físicamente.

Paso 1. Toma un trozo de cordel y ata un objeto pesado —como una rondana grande— en uno de los extremos. Hazlo como se ve en la ilustración.

Paso 2. Sujeta la cuerda a la mitad y gira la rondana.

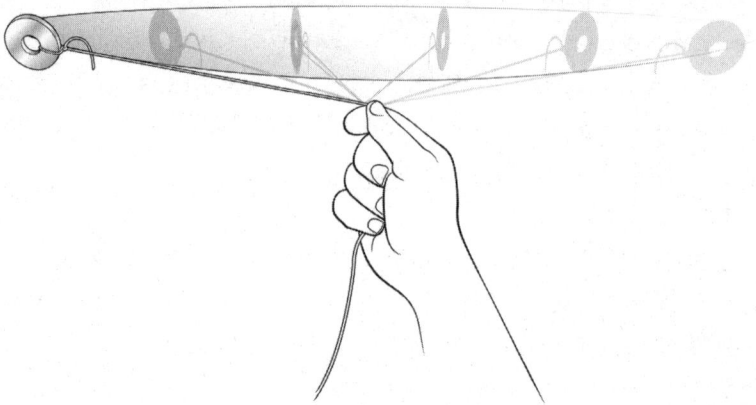

Paso 3. En cuanto la rondana esté rotando a la mayor distancia posible de tus dedos, relaja tu mano y deja que gire.

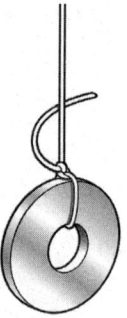

Verás que en cuanto tu mano se relaje y comience a girar, la rondana caerá y quedará más cerca de ti.

Paso 4. Para que la rondana gire hacia afuera y se aleje, tu mano debe girar a una distancia menor a un arco y a una frecuencia de rotación, es decir, a velocidad alta.

Paso 5. El arco de la rondana se puede expandir siempre y cuando la mano gire en un arco más pequeño y a una frecuencia mayor.

Mucha gente sube de peso cuando se sale de las fuerzas armadas porque baja el ritmo de su actividad física. Es decir, la *velocidad* aminora.

¿Cuál es el objetivo de este ejercicio de velocidad angular?

Explicar que una organización no se puede expandir si su centro es flojo o débil. En las fuerzas armadas, si las tropas que están al frente no tienen una estructura que las sostenga, pueden colapsar y, entonces, el enemigo gana. En el caso de los negocios, si el centro —en este caso, el Triángulo D-I que se muestra en la ilustración— es débil, entonces todo el negocio lo será también y no podrá sobrevivir. De la misma forma que sucede con el barco más lento del convoy, la sección más débil del Triángulo D-I del negocio puede provocar la decadencia de toda la empresa.

Si el Triángulo D-I es endeble, flojo o carece de comunicaciones y controles internos sólidos, la organización no puede expandirse y crecer.

Los controles y la cooperación interna fuerte son fundamentales para las disciplinas del interior del Triángulo D-I —las 8 integridades de un negocio—; y sin ellos, los negocios no pueden crecer.

McDonald's, por ejemplo, ha podido crecer hasta convertirse en una organización global gracias a que tiene un centro de negocios muy fuerte y cuenta con un liderazgo excelente.

La mayoría de los negocios pequeños no crecen porque el dueño es el único componente. Si el líder de un negocio pequeño quiere que éste crezca, debe formar un equipo que trabaje enfocándose en el Triángulo D-I, construir controles internos y sistemas de comunicación fuertes, y ser capaz de mantener el centro del negocio sólido y funcionando armónicamente.

Velocidad de proceso

Cuando ordenas una Big Mac en McDonald's, esperas cierto tiempo a que te la entreguen. A este periodo se le llama velocidad de proceso. El punto más importante en lo que se refiere a este tipo de velocidad es cuánto tiempo antes comenzó el proceso. Es decir, ¿cuánto planeamiento fue necesario para que la hamburguesa llegara a ti? Éste es un ejemplo de velocidad de proceso.

Piensa que el tiempo es dinero. Muchos negocios fracasan porque su velocidad de proceso es demasiado lenta. Mucha gente es obsoleta por la misma razón. Entre más lento es el proceso, más dinero se necesita para permanecer en el negocio.

Ejercicio: Consigue un reloj (o utiliza el de tu teléfono celular) y anota la hora. Luego ve al supermercado en automóvil, compra carne para hamburguesa, bollos, lechuga y jitomates. Vuelve a casa, asa la carne y colócala en el bollo. Añade lechuga y rebanadas de jitomate. Arregla el desorden que hiciste en la cocina.

Preguntas:
- ¿Cuánto tiempo duró el proceso?
- ¿Cuánto te costaron los ingredientes crudos?
- Si te pagaras 10 dólares por hora de trabajo, ¿cuánto costaría la elaboración de la hamburguesa?

- ¿Cuál sería el costo del transporte y la limpieza para elaborar una hamburguesa?
- ¿Cuál fue el costo total y cuánto duró el proceso?

Casi cualquier persona puede preparar una hamburguesa mejor que las de McDonald's, pero muy pocas pueden desarrollar un proceso de negocio mejor, un proceso que se lleve a cabo 24/7 en todo el mundo, y con el que se produzcan y entreguen millones de hamburguesas, Coca colas y papas fritas al día. Éste es un ejemplo de velocidad de proceso.

Muchos tenemos la idea de que esperar más de cinco minutos para que nos entreguen un pedido no coincide con el concepto de «comida rápida». Por eso, si se tardan en entregarnos, nos vamos a otro lugar. Ésta es la razón por la que la velocidad de proceso como individuos y como organizaciones es parte esencial del liderazgo.

Velocidad de buchaca

La velocidad de buchaca, es la capacidad de lograr un objetivo en el tiempo y el espacio.

Ejercicio: Busca una mesa de billar. Coloca una bola en medio de la mesa y haz un tiro con el objetivo de que ésta caiga en una de las buchacas de las esquinas.

Si le pegas a la bola demasiado a la izquierda, ésta no llegará a su meta. Si le pegas demasiado a la derecha, pasará lo mismo. Si la golpeas con demasiada fuerza, golpeará la tronera pero saldrá volando. Si le pegas con demasiada suavidad, tal vez se dirija a la tronera y entonces creerás que caerá en la buchaca pero lo más seguro es que ni siquiera llegue.

En la Fuerza Naval se entrena a los oficiales para que operen su barco pero también para que lo coordinen con un escuadrón conformado por otros barcos. El objetivo de los líderes de escuadrón es lograr que los barcos, las tropas, las aeronaves y la artillería lleguen a un lugar en un momento específico en el futuro para que todo esté listo para la batalla.

En los negocios, los líderes se enfocan en coordinar gente, tiempo, dinero y recursos, con sucesos proyectados en el futuro. Por ejemplo, digamos que un negocio va a organizar un seminario para mil personas que tendrá lugar en seis meses a partir de hoy. El líder debe coordinar de inmediato todos los componentes del Triángulo D-I para alcanzar un objetivo en seis meses. Si la coordinación se retrasa, el negocio no alcanzará su objetivo. Si el negocio no invierte suficiente tiempo, dinero, gente y recursos para promover el suceso, no asistirán las mil personas que se esperan. Si el planeamiento se ejecuta deficientemente, la gente que llegue participará en un acto de mala calidad. Éste es un ejemplo de velocidad de buchaca en el negocio.

Velocidad de deformación
o gradiente de velocidad

Es una forma de medir la deformación de una sustancia u objeto respecto al tiempo que tarda en hacerlo, en este caso de individuos. Un buen ejemplo del gradiente de velocidad está en el tiempo que tarda una persona en aprender. Por ejemplo, ¿cuánto tiempo le toma a un bebé aprender a caminar? Y cuando ya camina, ¿cuánto tiempo le tomará correr kilómetro y medio?

Las personas aprenden y se adaptan a velocidades distintas, todo depende de la materia. El control de esta velocidad es un componente fundamental del liderazgo.

Ejercicio: Aprende a cepillarte los dientes. Si eres diestro, empieza a cepillártelos con la mano izquierda. ¿Cuánto tiempo te llevará hacerlo tan bien como lo haces con la mano derecha? Este ejercicio te da un ejemplo de la velocidad de gradiente. Los líderes deben estar atentos a los gradientes de velocidad de cada individuo y de toda la organización en conjunto.

Ensamblaje de las cuatro velocidades

Los líderes deben tener una conciencia instintiva del funcionamiento simultáneo de las cuatro velocidades. Tómate un rato para pensar en lo increíblemente organizados que deben ser en McDonald's para operar en todo el mundo. Éste es un ejemplo de *velocidad angular*, la velocidad que requiere un centro sólido de negocios, es decir, un Triángulo D-I fuerte.

Ahora piensa cuánto tiempo le lleva a McDonald's entregarte una hamburguesa, papas fritas y refresco a partir de que toman tu orden. Éste es un ejemplo de *velocidad de proceso*.

Imagina cuánto antes —en tiempo y distancia—, debió empezar la planeación para que la hamburguesa, las papas y el refresco estuvieran listos para que tú los ordenaras. Dicho de otra forma, ¿cuánto tiempo se necesitó para que la carne de res y los bollos llegaran a la tienda? Éste es un ejemplo de *velocidad de buchaca*.

Ahora piensa en el tiempo que toma entrenar a un nuevo franquiciatario, al gerente del equipo y a los trabajadores para que puedan operar una sucursal eficiente de McDonald's; el anterior es un ejemplo del *gradiente de velocidad*. Dicha velocidad no sólo tiene que ver con la rapidez con la que puede aprender la gente sino también con la eficacia de los maestros.

Los líderes eficaces mejoran constantemente sus habilidades por medio de la supervisión y control de estas cuatro velocidades organizacionales.

A finales de 1972 el ejército norvietnamita atravesó la zona desmilitarizada que dividía a Vietnam del Norte y Vietnam del Sur. Todos sabíamos que si no detenía alguien a este ejército, llegaría a Saigón y la guerra terminaría.

Estados Unidos organizó una operación de fuerza combinadas, un último esfuerzo de emergencia para detener al ejército norvietnamita. La operación requirió de la coordinación de la Fuerza Aérea, la Fuerza Naval, la Armada y los *Marines*. El día que comenzó la ofensiva, los bombarderos B-52 de la Fuerza Aérea golpearon la zona con toneladas de bombas. Los barcos de la Fuerza Naval también atacaron el lugar y, cuando terminaron, los helicópteros de la Armada y de los *Marines* recogieron al ejército sudvietnamita y empezaron a llevarlos a zonas de aterrizaje comprometidas. La operación fue un completo desastre.

En primer lugar, los líderes de la Fuerza Aérea, la Fuerza Naval, la Armada y los *Marines*, nunca pudieron organizarse bien. La velocidad angular estuvo en riesgo desde el principio. En segundo lugar, las ordenanzas de la Fuerza Aérea y la Fuerza Naval fallaron en su objetivo. La velocidad de proceso y la de buchaca también quedó en riesgo. Cuando los helicópteros de la Armada y de los *Marines* entraron a la zona, alguien leyó mal los mapas y en lugar de dejar a las tropas en la zona de aterrizaje designada, las dejaron en el cuartel general del ejército norvietnamita: el área más fortificada de todas. Dieciséis helicópteros fueron derribados a tiros, y cuando cayeron y se incendiaron, 60 soldados sudvietnamitas perdieron la vida. El gradiente de velocidad disminuyó. El ejército norvietnamita llevaba años peleando, sus soldados tenían más experiencia y estaban mejor preparados. En cambio, nosotros, los estadounidenses, acabábamos de llegar a la zona de guerra y ya nos moríamos de ganas de volver a casa.

Pasos a seguir

Ejercicios para desarrollar tus habilidades de liderazgo

1. Habla de cada una de las cuatro velocidades: angular, de proceso, de buchaca y de gradiente.
2. ¿Por qué son importantes estas velocidades en los negocios y en la vida?
3. ¿Qué les sucede a los negocios y a la gente que no puede controlarlas?
4. ¿Qué les sucede a las organizaciones cuando algunas personas trabajan lento y otras trabajan más rápido?
5. ¿Cómo afecta la velocidad las ganancias?
6. Pensando en las cuatro velocidades, ¿por qué es difícil que el pequeño negocio familiar compita con McDonald's?
7. Incluso si quienes dirigen el pequeño negocio familiar se esfuerzan mucho, ¿por qué de todas formas McDonald's los puede vencer en el aspecto económico, incluso si el negocito familiar produce mejores hamburguesas?

Ejercicios de planeamiento:

1. Planea un suceso para el futuro. Si eres líder de un club de CASHFLOW, organiza uno especial.
2. Cobra. Esto hará que la tarea sea más difícil y mejor.
3. Haz planes de comercialización y promoción. Esto te permitirá enfocar tu habilidad para comunicar el valor.
4. Organiza un equipo que apoye tu acto.
5. Monta el suceso.
6. Si realmente lo llevas a cabo, discute el plan a fondo con tu equipo.
7. Cuando estés en junta con tu equipo, habla sobre las cuatro velocidades.

a. **Velocidad angular**: ¿Qué tan bien funcionó el equipo? ¿Qué tan eficaz fue el liderazgo? ¿Qué tan clara fue la comunicación interna? ¿Qué tan claras fueron las tareas?

b. **Velocidad de proceso**: ¿Qué tan sincronizados estuvieron el equipo, las tareas y el proceso? ¿Qué pudo mejorarse? ¿Cómo respondió la gente a la invitación o a la publicidad? ¿La comunicación para los clientes potenciales fue clara? ¿Qué pudo ser mejor?

c. **Velocidad de buchaca**: ¿Qué tan bien definido estuvo el objetivo? ¿Cómo se desarrollaron las velocidades? ¿Hubo suficiente apoyo para que el suceso se llevara a cabo? ¿El esfuerzo fue demasiado poco o mucho?

d. **Velocidad de gradiente**: ¿El equipo tenía la experiencia suficiente para que el suceso fuera exitoso? ¿Le faltó algo a la experiencia? ¿Cuál fue la experiencia ganada? ¿Qué hacer para que el siguiente acto tenga más éxito?

Ejercicio adicional: Si no quieres llevar a cabo un suceso real, explica por qué. Tal vez no estés listo para ser líder. Tal vez prefieras reducir tu gradiente de velocidad y participar antes en algunos sucesos pero como miembro de un equipo. Recuerda que el liderazgo es una habilidad que se aprende. Las fuerzas armadas invierten años en preparar y desarrollar a sus líderes. De ti depende encontrar tu gradiente.

Cuando hables de las razones por las que no quieres asumir el puesto de líder, regresa a la Lección de liderazgo #3, que trata el tema de la disciplina. Si alguien tiene miedo o duda de lo que hará, debe recordar las cuatro piedras angulares:

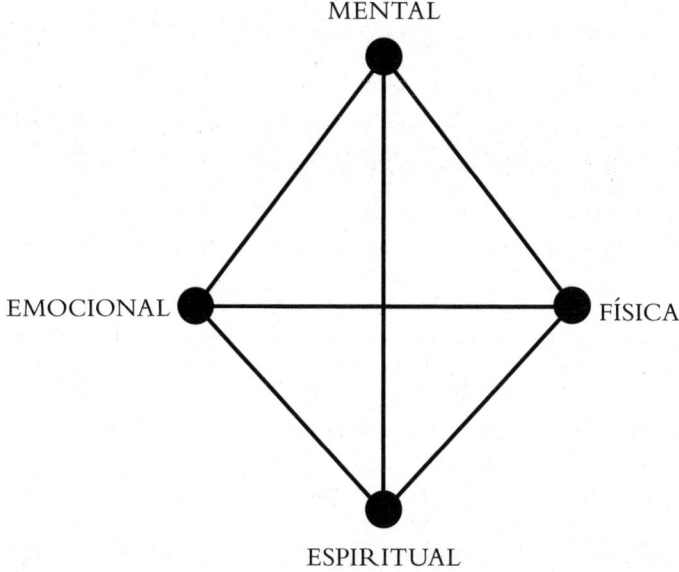

Si tienes dudas o sencillamente te niegas a hacer un ejercicio —la prueba de tus habilidades como líder—, pregúntate dónde se encuentra la presión. ¿Es mental (porque careces de experiencia)? ¿Emocional (porque no puedes controlar tus dudas y tu miedo)? ¿Física (no tienes tiempo suficiente)? ¿O espiritual (porque simplemente no es lo que quieres hacer con tu vida)?

Un último comentario

Una de las razones por las que no me gustaban las escuelas tradicionales era porque ahí castigaban a los estudiantes por cometer errores. Pero, ¿cómo aprende alguien si no comete errores, *muchos* errores? Cada falla trae consigo una enseñanza, una oportunidad de aprender.

En la escuela militar cumplíamos requisitos académicos muy difíciles. También nos exigían que tomáramos las enseñanzas y las aplicáramos en la vida real. Yo jamás habría aprendido a liderar hombres, tripular un barco o volar una aeronave si no hubiera estado dispuesto a cometer errores y aprender de ellos. Nadie nace sabiendo caminar, hablar o andar en bicicleta. Si queremos aprender, debemos practicar y cometer errores. Yo no nací siendo líder, practiqué liderando a mis compañeros en la escuela. No nací siendo líder de un barco, pasé años practicando cómo tripular buques para llevarlos a tierras lejanas. Tampoco nací siendo piloto, primero me subí a una aeronave y aprendí a volarla.

En 1972, después de poner bajo presión mis límites mentales, emocionales, físicos y espirituales en la guerra, supe que a partir de entonces sería capaz de superar a mis excompañeros de la preparatoria; incluso a los que eran más inteligentes que yo. Iba a superar sus buenas calificaciones porque ganaría muchísimo más dinero que ellos. Iba a vencerlos como líder y empresario en el mundo de los negocios.

Sé que suena tonto e infantil pero yo odiaba que en la escuela me tacharan de estúpido e incompetente. Odiaba no ser popular y no conseguir una cita con una chica. Pero en cuanto volé en mi primera misión de combate, descubrí que superaría a mis compañeros; sí, a los estudiantes de «10», a los que tenían «más probabilidades de triunfar», a los reyes y las reinas de las fiestas de graduación. Los iba a superar porque llegaría a lugares donde ellos jamás irían por miedo, y porque haría cosas a las que ellos jamás se atreverían. Pero para eso tuve que desarrollar mi fortaleza mental, emocional, física y espiritual, es decir, todo lo necesario para enfrentarme a eso que a la mayoría le da demasiado temor.

Así que quienes tienen miedo de organizar un pequeño suceso o poner a prueba su habilidad para liderar gente por cualquier razón, tal vez pierden una gran oportunidad en la vida. La vida y el desarrollo personal dependen de aceptar nuevos desafíos para crecer. Por desgracia, la mayoría de la gente cree que vivir depende de la seguridad, la tranquilidad y de tomarse los fines de semana libres. Ésa es la diferencia entre quienes dirigen a otros y quienes sólo siguen al líder. Los temerosos entran al juego de la vida con el objetivo de «no perder»; en cambio, los líderes entran y lo dan todo ¡porque juegan para ganar!

El Reporte de Robb

Este capítulo tiene un significado muy especial para mí. La lección es que la cadena sólo es tan fuerte como el eslabón más débil. Robert habla del efecto que puede tener un eslabón débil en el ámbito militar o en los negocios. Es una situación delicada porque, ¿qué debe hacer el líder cuando identifica el eslabón más débil?

Yo soy un líder y eso significa que la gente me sigue, que tengo un equipo. ¿Pero qué debo hacer si uno de los integrantes le está haciendo daño a todo el equipo? No existe una respuesta correcta para esta pregunta, todo dependerá siempre de la situación. Sin embargo, cuando pertenecí a un equipo fuerte y unificado en las fuerzas armadas, aprendí algunas cosas.

Para empezar, que los equipos unificados no siempre ganan. Suena raro, ¿verdad? Para ganar es MUY IMPORTANTE que el equipo esté unido, pero también hay otros factores. Me refiero a asignarle la tarea adecuada a cada persona.

Ya hablé de mi equipo en la Antártida. Para mí fue un verdadero honor relacionarme con un grupo tan valioso de hombres, de marineros que se unieron y dieron el 110% de sí mismos todo el día, todos los días. Juntos sumamos cantidades asombrosas de horas de vuelo con un récord impecable de seguridad. Además, siempre nos adelantamos a las necesidades de nuestro mando.

Estoy muy orgulloso de ese equipo. Éramos una verdadera familia. Siempre fuimos unidos. Sin embargo, al principio éramos un poco lentos. A nuestra unidad la abrumaron constantes fallas mecánicas al inicio y, aunque teníamos varias cosas a nuestro favor —todos respetábamos muchísimo nuestro empleo y habíamos recibido un excelente entrenamiento para realizar nuestra labor—, era la primera vez que trabajábamos juntos y algunos estábamos desempeñando funciones que no coincidían con nuestras habilidades natas.

Afortunadamente hablábamos todo el tiempo; así fue que pudimos ser honestos con todo el equipo. Esta libertad para comunicarnos y siempre decir la verdad fue lo que nos condujo al éxito.

Como yo era el líder, convocaba las reuniones. En ellas les pedía a los integrantes del grupo que evaluaran su propio desempeño y satisfacción. El equipo validaba lo que ya nos habían mostrado las cifras: que había cuatro elementos en el lugar equivocado.

Dos de nuestros mecánicos de mayor edad eran menos eficientes que el resto del equipo. Querían trabajar con más velocidad y hacían todo lo que podían, pero sencillamente su don no era la rapidez. Por otra parte, dos de nuestros inspectores de garantía de calidad se sentían aburridos. Nunca se habían quejado pero cuando nos reunimos, hablamos con franqueza. La solución era muy clara, los mecánicos con más conocimiento asumirían las funciones de garantía de calidad y los otros «aburridos» empezarían a trabajar con las manos.

El repunte en el desempeño fue evidente casi de la noche a la mañana. Si en tu equipo tienes integrantes de gran calidad que no están funcionando adecuadamente, lo que debes hacer no es eliminarlos sino encontrar en qué área serán más productivos. Como nosotros teníamos respeto por la misión en primer lugar, luego por el equipo y, en tercer lugar, por nosotros mismos, pudimos llevar a cabo las conversaciones que se necesitaban y eso nos llevó al siguiente nivel.

Sin embargo, no paramos ahí. Queríamos ser todavía mejores, así que empezamos a tener nuestras pláticas francas con regularidad. Cada semana identificábamos quién o quiénes eran los eslabones más débiles y, en lugar de vapulearlos o hacerlos sentir mal, les enseñábamos lo necesario. Compartíamos con ellos trucos y estrategias que los otros miembros del equipo habían aprendido antes. Nos ayudábamos a ser mejores.

En una ocasión me tocó a mí porque siempre era un poco lento para colocar el cableado de seguridad de los pernos. En Antártida hacíamos mucho este tipo de reparaciones. Eran extremadamente importantes porque este cableado era con lo que impedíamos que se aflojaran y cayeran pernos que mantenían componentes vitales en su lugar. Sobra decir que con la asesoría de un compañero y un poco de práctica, en muy poco tiempo llegué a hacer el cableado como los mejores. Mis compañeros me ayudaron a ser más competente, pero primero tuve que aceptar sus opiniones. La verdad es que resulta mucho más sencillo aceptar opiniones que darlas. Al líder, sin embargo, le corresponde la tarea de crear el ambiente propicio para que todos puedan proveer retroalimentación honesta, aceptable e incluso deseable.

—Robb LeCount

Capítulo ocho

LECCIÓN DE LIDERAZGO #6
Unir para ganar y dividir para conquistar

Pregunta: ¿Por qué los negocios grandes crecen aún más?
Respuesta: Porque están unidos.

Pregunta: ¿Por qué los negocios pequeños permanecen así?
Respuesta: Porque no saben cómo unirse.

En la escuela militar se enseña a los estudiantes a unirse para ganar y a dividir para conquistar. Esto, sin embargo, no significa que una cosa sea más importante que la otra. Es decir, todo oficial necesita saber cuándo unir y cuándo separar. Cada una de estas acciones requiere de habilidades diferentes. En la mayoría de las acciones militares resulta necesario unir una fuerza suficientemente grande para dividir al enemigo. Por eso el término «Fuerzas aliadas» fue tan importante durante la Segunda Guerra Mundial. Estados Unidos unió a sus aliados para vencer a Alemania, Japón e Italia. En la guerra en Irak se usó el término «Fuerzas de coalición» para unir a la fuerza militar multinacional en contra de Irak.

En las escuelas tradicionales enseñan a los estudiantes a dividir para conquistar. Desde el primer día se hace lo necesario para que los estudiantes siempre se confronten. Los exámenes se presentan de manera individual porque el sistema escolar busca a los estudiantes inteligentes y los divide o los separa de los más débiles. Este proceso continúa hasta que solamente a los que el sistema decide bautizar como los más «inteligentes», ingresan a las mejores escuelas. Y una vez que están ahí, el proceso de división y conquista continúa.

Desde nuestro primer día en la Academia nos entrenaron para unir a la gente. Nos enseñaron que la habilidad de vincular a las personas era esencial para el liderazgo. Aunque también presentábamos exámenes y nos calificaban como en las escuelas tradicionales, nuestros maestros se esforzaban muchísimo para que nos desarrolláramos como líderes con el conocimiento de cuándo debíamos unir y cuándo dividir.

Desde el primer día usamos uniformes iguales y marchamos simultáneamente. Nos despojaron de la identidad individual. Aprendimos a identificarnos como grupo, no como individuos. Por eso la gente de las fuerzas armadas suele identificarse con el nombre de su unidad, como es el caso de los *Rangers* de la Armada, los integrantes de las Fuerzas Especiales de Operaciones de la Marina *(Navy Seals)* o la Fuerza de Reconocimiento de los *Marines*.

El proceso continuó en la escuela de vuelo, donde nos hicieron usar trajes de vuelo iguales. Los únicos detalles que nos diferenciaban eran nuestro nombre, el rango y los parches del escuadrón. Cuando volábamos lo hacíamos formados y rara vez hacíamos prácticas individuales. Cuando peleábamos lo hacíamos como equipo porque, aunque éramos individuos fuertes, sabíamos que éramos más fuertes como fuerza colectiva, como un equipo.

Un mundo de perros

Casi todos los estudiantes que entran al mundo de los negocios lo hacen con la misma actitud que les enseñaron en las escuelas tradicionales: la actitud de atacarse como perros los unos a los otros. Compiten por los empleos de la misma forma que competían por las calificaciones en la escuela. Quieren sobresalir en lugar de destacar como grupo porque creen que si sobresalen tendrán más oportunidades de conseguir un ascenso y un aumento de sueldo. ¿Para qué ayudar a tus compañeros si son tu competencia directa?

Observa el Cuadrante del Flujo de dinero que se presenta a continuación:

La mayoría de los empleados migran del cuadrante E al cuadrante A porque quieren hacer sus propios negocios, hacer las cosas a su manera, destacar y ser individuos. La mayoría de la gente del cuadrante A, sin embargo, prácticamente nunca logra crecer y muy rara vez se muda al cuadrante D porque, sencillamente, sabe dividir pero no unir.

Para unir a la gente se requieren habilidades de liderazgo. Unirla significa pedirle que forme parte de un grupo más grande, se enfoque en una causa más importante que, en muchas ocasiones, exige sacrificar los intereses personales, el ego y la identidad individual.

Tal vez la labor más difícil de un líder es hacer que la gente opere como parte de un grupo a costa de su importancia personal, particularmente si el líder también necesita sentirse relevante.

Los líderes del cuadrante D necesitan habilidades de liderazgo. Los líderes del cuadrante A requieren de habilidades especializadas. Los negocios del cuadrante D crecen porque en lugar de depender del empuje de especialistas, al negocio lo impulsa un sistema.

Incluso cuando era piloto y volaba solo, sabía que no estaba ahí nada más por mí sino porque me respaldaba una gran organización.

En la Academia nos enseñaron a hacer las cosas «A la manera de Kings Point». En el Cuerpo de la Infantería de Marina nos enseñaron a hacer las cosas «a la manera de los Infantes de Marina». Hacer las cosas a tu manera, con frecuencia te ganaba una acción disciplinaria severa. A nosotros nos enseñaron a respetar la manera en que se hacían las cosas en cada organización.

Como éramos oficiales jóvenes, nos entrenaron para respetar la repetición precisa, ya que esto era lo que le daba poder a la organización, particularmente durante el combate. Cuando saludábamos, por ejemplo, siempre lo hacíamos exactamente de la misma manera. Cuando volábamos, lo hacíamos de la misma forma. La repetición precisa le da a la organización el poder de moverse como una sola entidad. La gente que quería hacer las cosas a su manera, ponía al resto de la organización en riesgo. Estos individuos eran una especie de carga, gente de la que no se podía esperar un desempeño preciso y sincronizado con el del resto del equipo. Si alguien hacía las cosas a su manera, los mandábamos a su casa porque los individuos así eran los que provocaban que muriera gente.

En los negocios es muy común conocer a personas que llegan a trabajar con la actitud de «Quiero hacer las cosas a mi manera». Son gente que no respeta las reglas de la organización y a menudo está en desacuerdo con el resto de los integrantes. Digamos que no están sincronizados.

Uno de los regalos más importantes que recibí de la Academia y del Cuerpo de Infantería de Marina, fue la disciplina para aprender a hacer las cosas «a la manera» de ellos. Para lograrlo tuve que tragarme mi orgullo y ocultar mi individualidad porque sabía que, como parte del equipo, servía a un propósito más importante. Ahora que estoy en el mundo de los negocios, esa misma disciplina me da una ventaja de ganador por encima de las personas que quieren sobresalir como estrellas o *prima donnas*: ¡la gente que sabe dividir pero no unir!

Digamos que gracias a mi entrenamiento militar ahora respeto mucho más a las organizaciones y sus rituales. Cada vez que voy a una iglesia, por ejemplo, respeto sus reglas y rituales porque cualquier otro comportamiento sería extremadamente insolente. Conozco la importancia de los rituales y entiendo que éstos tienen el poder de unir y dividir. He notado que las organizaciones con rituales sólidos como las de católicos, judíos, budistas y musulmanes, han conservado el poder necesario para sobrevivir por siglos. Las empresas con rituales fuertes son más vigorosas que las que no los tienen.

En las fuerzas armadas nos inculcaron el ritual de saludar a los oficiales de mayor rango. Nos entrenaron para decir, «Sí, señor», para detenernos y saludar a la bandera cada vez que la izaban en las ceremonias. Violar estos rituales sólo evidenciaría un altísimo nivel de insolencia y falta de respeto al país al que nos enseñaron a servir.

Por todo esto, cada vez que viene alguien a mi negocio y quiere hacer las cosas a su manera sin respetar nuestras costumbres y rituales, suelo pedirle que siga su camino. Si una persona no entiende la importancia del respeto y los rituales, lo más probable es que tampoco llegue a ganarse mi admiración ni la del equipo.

Como ya lo mencioné anteriormente, el respeto une a la gente fuertemente. La insolencia divide a las personas y las margina. Por desgracia conozco a muchos individuos que, a pesar de que fueron a la escuela, no aprendieron la diferencia entre respeto y falta de respeto.

El poder de la conectividad

La conectividad es una de las necesidades fundamentales del ser humano, por eso los celulares se han convertido en una herramienta tan poderosa y en un negocio así de grande. Sucede lo mismo con las religiones, los equipos deportivos y los partidos políticos. Ésta es la razón por la que los negocios se quieren convertir en marcas capaces de conectarse con grupos específicos de gente.

Los grandes líderes tienen el poder de conectarse con la gente, son modelos a seguir que inspiran a otros para que se sientan parte de algo más grande que ellos mismos. Entre más poder de conexión y vinculación tiene el líder, más poder tendrá el grupo, y entre más poderoso sea el líder, más oposición atraerá el grupo. Por esto el líder necesita ser sólido legal, ética y moralmente, coincidir con su misión y ser íntegro respecto a lo que representa. Si la integridad se ve corrompida, la conectividad del grupo se rompe. Mira lo que le pasó a Bernie Madoff, el líder del esquema Ponzi de 60 mil millones de dólares. La gente que alguna vez lo adoró y le confió sus ahorros de toda la vida, ahora lo aborrece.

Irónicamente, la integridad es más importante en el mundo de los criminales. En otras palabras, si vas a ser un maleante, más te vale ser un maleante de verdad porque en el ámbito de lo ilegal, aunque no lo parezca, también hay leyes. Así es, los maleantes tienen sus propias leyes y su propia justicia y, finalmente, son normas que se deben obedecer también entre ellos.

Las fuerzas armadas cuentan con sus propias reglas y regulaciones. En este caso, éstas también pueden unir o dividir. Si sigues las reglas, estás conectado, si las rompes, terminas separado del grupo.

El Código de Honor es una serie de leyes fundamentales, un vínculo espiritual. Los infantes de marina, por supuesto, obedecíamos un estricto código de honor.

Estos son algunos de sus puntos:

1. Lucharé y me resistiré a la captura.
2. Si me capturan, sólo daré mi nombre, rango y número de serie.
3. No proporcionaré ninguna información que le sea útil al enemigo.
4. No abandonaré a un compañero combatiente que esté desvalido.
5. Estoy preparado para dar mi vida para que otros puedan vivir.

Éste es mi Código de Honor personal para los negocios:

1. Trabajo, en primer lugar, para mis clientes y mis empleados.
2. El bienestar de mis empleados es tan importante como el mío.
3. Manejo mi dinero con responsabilidad.
4. Adquiero activos antes de adquirir pasivos.
5. Si quiero más, doy más.

Los códigos de honor unen a la gente a un nivel espiritual. Si alguien acepta obedecer el código pero luego lo viola, el grupo deberá lidiar con esa persona de la manera pertinente. Si la persona no desea seguir el Código, entonces deberá dejar la organización. En este caso, el Código de Honor divide.

Pasos a seguir

Ejercicios para desarrollar tus habilidades de liderazgo

1. Discute las diferencias entre unir y dividir a la gente.
2. Discute las formas en que se une a la gente. Revisa las formas en que se separa a la gente.
3. ¿Por qué es difícil que las personas que quieren hacer las cosas «a su manera» lleguen a ser líderes?
4. Habla de la importancia de las reglas, de que éstas sean claras, de seguirlas y de que la justicia se imparta en caso de que alguien las viole.

5. ¿Qué debe hacer un líder si una persona no quiere seguir las reglas de la organización?
6. ¿Por qué los líderes, las reglas y los rituales son importantes para los negocios del cuadrante D?
7. Menciona algunos de los rituales que practicas. Si vas a la iglesia, menciona los rituales que ahí observas. ¿Cuáles son los rituales de tu familia? ¿De qué forma unen los rituales? ¿De qué manera dividen?
8. ¿Qué es la conectividad? Menciona a gente que tenga conectividad. Menciona a gente que no.
9. ¿Qué es el Código de Honor? ¿Por qué es una serie de reglas espirituales?
10. ¿De qué manera une el Código de Honor? ¿De qué manera divide?

Un último comentario

Cuando llegué a la Academia noté que uno de los objetivos principales era quitarnos nuestros viejos hábitos. Esto lo lograron con recompensas y castigos. Si alguien tenía el mal hábito de llegar tarde, por ejemplo, tenía que enfrentar consecuencias muy severas. Si el estudiante se negaba a cambiar esta costumbre y a llegar temprano, lo expulsaban.

Desde el primer día nos entrenaron para que hiciéramos las cosas a la manera de la Academia, no como nosotros quisiéramos. Nos entrenaron para ser líderes que sabían cómo unir y dividir. Hicimos ejercicios para practicar ambas habilidades porque las dos confieren poder. Actualmente uso estas mismas habilidades en los negocios, por eso tengo uno en el cuadrante D. Por eso The Rich Dad Company es una marca con alcance mundial. The Rich Dad Company une a la gente que desea alcanzar la libertad financiera más de lo que desea conservar su empleo fijo, a la gente que quiere invertir en lugar de apostar, y a los que quieren ser empresarios en lugar de empleados.

El Reporte de Robb

Anteriormente mencioné que el Jefe Burk me asignó la tarea de conseguir que mis compañeros corrieran conmigo varias vueltas alrededor de la base. En mi primer intento por convencerlos fallé porque sólo traté de sobornarlos.

Después de conversar con mi Comandante, volví a intentarlo. Me acerqué a cada miembro de mi Compañía y, en lugar de ofrecerles tonterías, les ofrecí un equipo y una familia. Comencé por decirles que me había equivocado, había cometido un error. Luego es dije: «Si tú cometes un error, yo estaré ahí para ayudarte a sobrellevar la carga. Te ayudaré incluso si tú no me ayudas a mí. Lo que quiero es tener un equipo. Quiero que nos unamos y nos cuidemos unos a otros. Yo te voy a ayudar a ti, pero si tú quieres ayudarme a mí o no, sólo depende de ti».

En ese momento logré unir a mi equipo. Miré a cada uno de los integrantes y traté de ponerme en sus zapatos. ¿Qué era lo que querían escuchar? En el fondo sabía que yo quería pertenecer a un equipo, a una familia. Eso fue realmente lo que les ofrecí a mis compañeros. Estar ahí para ellos. Les ofrecí unidad.

¡Y funcionó! Todos los miembros del escuadrón se me unieron. Enfrentamos mi castigo juntos, como una unidad. Ellos no tenían por qué compartir mi dolor, pudieron haberme dejado solo. Pero no lo hicieron porque querían sentir el vínculo de la unidad y porque estaban dispuestos a hacer el primer sacrificio.

Ese día aprendí muchísimo. Aprendí lo atractivo que resulta pertenecer y la necesidad que satisface. Lo que todavía me faltaba por aprender, sin embargo, era el poder de la unidad.

Esa lección llegó cinco años después, cuando estaba de base en la Antártida. No es fácil describirlo pero mi escuadrón era muy unido, nos movíamos como si fuéramos uno y siempre sabíamos lo que los otros estaban pensando.

A veces nuestro escuadrón se separaba en equipos para jugar *softball* —una variedad de beisbol que se juega con una pelota suave—, pero debo confesar que cuando las temperaturas son bajo cero, la pelota nunca tiene nada de «suave».

Incluso en un equipo unido es posible que uno de los jugadores sobresalga. Nosotros teníamos a Morrison, por ejemplo. Ese tipo podía lanzar, atrapar y dar en el blanco como todo un profesional. Todos los miembros del escuadrón solíamos decirle que debería incorporarse a un equipo profesional en cuanto terminara su viaje. Aunque nuestro equipo era genial y todos éramos muy unidos, sabíamos que buena parte de nuestro éxito se lo debíamos a Morrison.

Pero como ya lo habrás imaginado, nuestra racha de suerte no duró. Morrison recibió una carta en la que su novia le decía que la relación había terminado, y se desmoronó por completo. Nuestro grupo era unido. Tratamos de consolarlo, de asumir el dolor como equipo, pero nada funcionó. El hombre se quedó como catatónico. Nosotros nos mantuvimos cerca y tratamos de hacer todo lo posible para ayudarlo. El trabajo que le correspondía como mecánico pero que ya no realizaba, lo hacíamos nosotros. Trabajábamos a su lado y revisábamos sus tareas cuando las terminaba. Recibir trabajo adicional era una pesadilla, pero formar parte de un equipo unificado nos parecía increíble, así que creíamos que valía la pena.

Morrison ya no se podía concentrar cuando jugábamos softball. El equipo se desfasó por completo. De repente dejamos de funcionar. Como todos éramos mecánicos navales, siempre había varios hombres que podían hacer el trabajo adicional pero cuando jugábamos softball, todos tenían una tarea y responsabilidad específica. Cuando un miembro del equipo rompe la unidad, todo se viene abajo. De pronto todos tuvimos que enfocarnos en aspectos que no nos correspondían y, para colmo, nadie podía respaldar a Morrison ni enmendar sus errores en el campo de juego ni cuando bateaba.

Cuando empezamos a perder, tratamos de unirnos más. Y todos recobramos el enfoque, excepto Morrison. Seguimos perdiendo hasta que él empezó a jugar mejor porque canalizó su ira y su dolor en el bate, ¡y comenzó a batear como nunca antes! A pesar de todo, su defensa todavía no estaba en sincronía con la del equipo. Sus lanzamientos eran demasiado fuertes y su forma de jugar, agresiva. No estábamos unidos, así que seguimos perdiendo.

No pasó mucho tiempo antes de que nuestro jefe de mantenimiento se diera cuenta de la situación de Morrison. Nuestros esfuerzos por protegerlo resultaron inútiles porque cuando un grupo unido se fractura, cualquiera que esté observando se da cuenta. A Morrison lo transfirieron para que recibiera ayuda. Nuestra unidad se conectó de nuevo y empezamos a ganar. El equipo ganó todos los juegos sin él. Sí, estábamos ganando, pero lamentablemente ya no era lo mismo.

Esta historia es en realidad muy dolorosa porque, aunque la enseñanza fue que la unidad ayuda a ganar y la división a conquistar, creo que lo más importante resulta proteger la unión. No des por hecho que siempre estará ahí. A veces me pregunto de qué otras formas habríamos podido proteger a Morrison. Yo jamás volveré a dar por sentado que la unidad es indestructible. Ahora trato de mantener unida a mi familia y a la gente en el lugar donde trabajo porque creo que es la parte más importante de ganar.

—Robb LeCount

Capítulo nueve

LECCIÓN DE LIDERAZGO #7
Los líderes son maestros

Piensa en los maestros a los que hayas querido entrañablemente. ¿Qué hacían? ¿Te inspiraban? ¿Te respetaban? ¿Hacían aflorar lo mejor de ti?

¿Quiénes fueron los maestros que te inspiraron a ser un estudiante excelente?

Piensa en algún maestro al que hayas odiado. ¿Qué fue lo que provocó que le perdieras el respeto a ese maestro? ¿Qué hacía? ¿Qué *no* hacía?

Recuerda a tus peores maestros

Para que un maestro sea excelente, debe ser un gran líder. Debe ser alguien a quien los alumnos admiren porque es muy difícil aprender de una persona a la que no respetas.

En las escuelas tradicionales hay maestros buenos y malos; también en las escuelas militares. La diferencia radica en que tener malos maestros en las escuelas tradicionales puede hacerte sacar malas calificaciones y en las escuelas militares, puede costarte la vida.

Yo tuve malas calificaciones tanto en las escuelas tradicionales como en las militares porque era un mal estudiante. Mis calificaciones eran terribles porque, en mi opinión, tenía maestros terribles que no me inspiraban y no estimulaban mi deseo de aprender.

Los mejores maestros que tuve fueron individuos a los que admiraba, en tanto que los malos nunca se ganaron mi respeto. Mis calificaciones eran un reflejo del respeto, o falta del mismo, que les tenía.

Mi instructor preferido de la Academia era el profesor de inglés, quien, además de haberse graduado de la Academia Militar de los Estados Unidos en West Point, había piloteado un B-17 en la Segunda Guerra Mundial. De hecho su avión fue derribado en Francia pero logró escapar y volver a volar. Ese profesor me inspiró para convertirme en piloto.

En 1969 me gradué de la Academia y empecé a trabajar para la empresa Standard Oil de California. Había logrado el sueño americano, era un graduado universitario, tenía un empleo muy bien pagado en una empresa enorme, trabajaba siete meses y tenía cinco meses libres de vacaciones pagadas.

En esa misma época, los otros graduados de la Academia Naval estaban ganando aproximadamente 2 400 dólares al año. Algunos de mis compañeros graduados de la Academia de la Marina Mercante ganaban más de 100 000 dólares anuales, lo cual los hacía los graduados mejor pagados del mundo. Yo ganaba menos, sólo 47 000 dólares anuales, pero no era un salario malo para un muchacho de 21 años en 1969. Según mis cálculos 47 000 dólares de 1969 son como 200 000 de hoy.

Los compañeros que ganaban más de 100 000 dólares en esa misma época, se habían unido a una organización internacional llamada Master, Mates & Pilots, que era un sindicato laboral para oficiales marinos. Además, navegaban en la zona de guerra. En la

Marina Mercante te pagan casi el doble cada vez que entras a la zona de conflicto.

Si acaso viste la película *Capitán Phillips*, con Tom Hanks, entonces ya sabes que se trata de un buque de carga tomado como rehén por piratas somalíes. A los civiles que estuvieron a bordo del barco les pagaron lo que se paga por estar en zona de guerra. Sus cheques fueron mucho más generosos que los de los *Navy Seals* que llegaron en paracaídas, mataron a los piratas y rescataron al Capitán Phillips.

Yo ganaba menos porque trabajaba para Standard Oil y porque no me inscribí en el sindicato. Pero es que si lo hubiera hecho, Standard Oil no me habría contratado. Además, yo navegaba entre California y Hawái, Tahití y Alaska, lugares que no estaban en la zona de guerra en absoluto. Por si fuera poco, también estaba exento de ser reclutado y mi trabajo entraba en la categoría de «Industria vital no defensiva», ya que se trataba de manejo de petróleo.

Aunque parecía que a los 22 años ya «lo tenía todo», las historias que nos contó mi maestro de inglés seguían obsesionándome. En el fondo de mi corazón sabía que quería volar y participar en el combate, y aunque estaba exento de ser reclutado, mi conciencia también era muy insistente. Sabía que tenía el deber de servir a mi país. Como ya comenté, cuatro de mis tíos lucharon en la Segunda Guerra Mundial. Uno de ellos fue capturado junto con otro estadounidense de origen japonés; los japoneses lo hicieron prisionero de guerra. Por todo esto, entre más analizaba lo que sentía en el alma, menos importantes me parecían mi empleo, el cheque de nómina y las vacaciones.

La primera vez que fui a Vietnam fue en 1966, cuando tenía 19 años. Cuando fui, era sólo un guardiamarina de la Academia, un estudiante a bordo de un buque que transportaba bombas a la zona de guerra.

En 1966 la guerra ya no tenía ninguna lógica para mí. En la Academia aprendimos que los vietnamitas llevaban más de mil años en guerra, luchando contra invasores como los chinos y los franceses. Estados Unidos era solamente un país más al que tendrían que enfrentarse. En 1966 la guerra me preocupaba bastante. Me preguntaba por qué estábamos ahí e incluso varios años después, la guerra siguió sin tener sentido desde mi punto de vista.

Después de navegar para la Standard Oil por tan sólo unos meses, mi conciencia finalmente ganó. A finales de 1969 renuncié a la empresa y me reporté a la escuela de vuelo de la Fuerza Naval de Estados Unidos. El salario inicial era de 2 400 dólares al año. Tan sólo la idea de renunciar a 4 000 dólares mensuales y a cinco meses de vacaciones pagadas para ganar 200 dólares mensuales (y sólo dos semanas de vacaciones), fue un choque tremendo.

La realidad fue todavía peor, por lo que me tomó algún tiempo ajustarme. Mis amigos y mi familia pensaban que yo había perdido la razón, pero ahora que lo veo en retrospectiva, sé que fue una de las mejores decisiones de mi vida. Creo que si me hubiera quedado a trabajar en la Standard Oil para tener un empleo fijo, un cheque de nómina constante, vacaciones pagadas, prestaciones y un fondo de jubilación que amortiguara mi vejez, nunca me habría convertido en empresario.

Hoy en día conozco a muchos «civiles» que son como guerreros corporativos —inteligentes, trabajadores y con buena preparación académica—, pero siempre me parece que les hace falta algo. Muchos quieren ser empresarios, echar a andar su propio negocio, trabajar para alcanzar la libertad financiera en lugar de conservar la seguridad de un empleo fijo, pero carecen de algo: de la fuerza de carácter fundamental, del imparable espíritu empresarial que se requiere para tener éxito como hombre de negocios.

Una de las primeras cosas que noté en la Infantería de Marina fue el nivel de responsabilidad personal que se le exige a cada *Marine*. Incluso si se trataba de un joven marinero de dieciocho años con solamente la preparatoria terminada, todos tenían responsabilidades que a muy pocos civiles se les pediría que asumieran. En el helicóptero de combate que teníamos en Vietnam, por ejemplo, todo joven cabo debía saber cómo arreglar la aeronave, las ametralladoras y los cohetes. Asimismo, si alguien resultaba herido, los cabos podían asumir el papel de médicos y salvar vidas en la zona de conflicto.

En nuestros helicópteros había una tripulación de cinco personas: dos pilotos, dos artilleros y un jefe de tripulación. Ahí no había rangos, sólo respeto y responsabilidad. Todos éramos líderes en el mismo equipo. Si todos hacíamos bien nuestro trabajo sobrevivíamos, pero si yo hacía valer mi autoridad para lograr que alguien hiciera algo sólo para darme gusto, todos moríamos.

Volar en Vietnam me dio el valor necesario para convertirme en empresario.

Actualmente conozco a muchas personas que quieren llegar a ser empresarios pero carecen de las fortalezas básicas que las fuerzas armadas le inculcan a la gente joven. La mayoría carece de la disciplina, la habilidad para tratar con los otros y la experiencia de liderazgo necesarias para dar el salto de fe —renunciar a la seguridad de un empleo fijo y un cheque de nómina constante— y convertirse en empresario.

Dos tipos de dolor

Una de las lecciones más importantes que recibí en la Academia y en el Cuerpo de Infantería de Marina fue la de que hay dos tipos de dolor:

1. El dolor de la disciplina.
2. El dolor del arrepentimiento.

Entre estos dos tipos de dolor hay diferencias que te pueden cambiar la vida. El dolor de la disciplina es temporal, breve. El dolor del arrepentimiento es eterno.

Yo, por ejemplo, rara vez tengo ganas de ir al gimnasio. Preferiría quedarme sentado en el sofá y ver televisión. Sin embargo, sé que si no voy, me sentiré terriblemente durante más tiempo. Lo que me obliga a levantarme del sofá aunque no quiera hacer ejercicio, es el dolor de la disciplina y la Regla de los 20 minutos.

¿Qué es la Regla de los 20 minutos? Es la motivación que uso para obligarme a hacer todo lo que no quiero hacer, como ir al gimnasio. Ya sé que sentiré dolor durante unos 20 minutos aproximadamente, pero por lo general después me siento contento de hacer eso que no quería.

La mayoría de la gente no está dispuesta a enfrentar esos 20 minutos de dolor y, por eso, tiene una vida en la que el arrepentimiento es eterno.

Cada vez que conozco gente infeliz, mediocre, enferma, pobre e insatisfecha, me parece que el dolor que sufre es un dolor de arrepentimiento. Son gente que carece de la disciplina para superar el dolor, hacer lo que debe hacer y llegar al otro lado. En lugar de hacer eso que no quieren pero necesitan hacer, muchos canjean el breve dolor de la disciplina por el dolor permanente que causa el arrepentimiento. En lugar de sufrir ahora, muchos quieren la respuesta sencilla, la píldora mágica, la fórmula libre de dolor que les permitirá llegar al siguiente nivel en su vida.

Muchas de las personas que quieren volverse ricas sin dolor, van a Las Vegas o juegan a la lotería y viven con la ilusión de que tendrán un golpe de suerte y se volverán millonarias.

El dolor del dolor

La frase «Sin dolor no hay ganancia» es bastante cierta. Yo siempre estaré agradecido con la Academia y el Cuerpo de Infantería de Marina por infundirme la disciplina necesaria para ir más allá del dolor. Como ya te dije antes, fui un estudiante mediocre y flojo durante buena parte de mi vida. Estudiaba sólo lo necesario para pasar los exámenes. Sin embargo, luego fui a la Academia y volé para la Infantería de Marina y eso cambió los hábitos de holgazán que tenía.

En una ocasión, la orgullosa madre de un *Marine*, escribió:

Quiero compartir con todas aquellas personas que tengan un hijo o una hija en un campamento de entrenamiento, algo que descubrí. Primero les daré algunos antecedentes:

Cuando mi hijo dejó el hogar, no tenía motivación, era flojo, desaliñado y no tenía orgullo ni noción de su propio valor. Ése era el muchacho que se bajó del autobús el 18 de marzo en Parris Island.

El hombre que encontré el día que asistí al «Jueves para padres», es MARAVILLOSO. No tengo forma de describirles la diferencia. Lucía diferente, caminaba de manera distinta, hablaba de otra forma y mostraba tanto orgullo y una manera de comportarse tan recta, que lo único que pude hacer fue contemplarlo llena de asombro.

¡Oh!, sí, el entrenamiento es muy severo; para cualquiera que no haya estado ahí resulta imposible imaginar por lo que pasó mi hijo. Definitivamente les enseñaron a ser Guerreros. Permítanme decirles lo sorprendida que quedé cuando supe qué otras cosas les enseñaron. Ahora mi hijo, el Marine, tiene mejores valores, moral y buenos modales que cualquier otra persona que conozco. Es algo más que el «Sí, señor... Sí, señora...», es muchísimo más.

Ahora le preocupa su aspecto y lo que hace, pero no por arrogante o por sentirse más que los demás. Es un verdadero caballero. En mi hijo pude ver paciencia y serenidad como nunca antes. Me cuesta trabajo expresar toda mi gratitud para el Cuerpo de Infantería de Marina por lo que le brindó a mi hijo.

Cybil
Madre de un infante de marina

La disciplina de la Infantería de Marina y el entrenamiento de liderazgo que recibí de mis instructores y oficiales de mando me enseñó el valor que tiene el dolor para la disciplina. Si hoy estoy vivo, es porque aprendí el valor de ir más allá del dolor.

Como ya lo mencioné, el Teniente Ted Greene y yo chocamos nuestro Huey en el mar, a unos kilómetros de Vietnam. Nuestro motor se detuvo y los cinco miembros de la tripulación tuvimos que nadar por más de cinco horas. En la foto puedes ver cómo luce el artillero cuando choca con el agua.

También hubo otro incidente en el que el Teniente Joe Ezell y yo caímos debido a una falla hidráulica. Según nos han dicho, somos los únicos pilotos y tripulación que han sobrevivido a una falla de este tipo en el equipo, pues los Huey no vuelan sin sistema hidráulico.

Si no hubiéramos soportado antes el dolor de la disciplina, ahora estaríamos muertos. Y si alguien hubiera fallecido, los sobrevivientes habríamos tenido que vivir con el dolor del arrepentimiento.

Cada vez que volábamos, «practicábamos», fingíamos que enfrentábamos a la muerte, todos los días, en cada misión. Nunca descansamos del dolor de la disciplina y de la práctica de enfrentar a la muerte. Cuando nuestro motor dejó de funcionar y el sistema hidráulico falló, todos los que estábamos a bordo —tripulación, pilotos, oficiales y reclutas— operamos como un equipo altamente eficaz y disciplinado, capaz de funcionar bajo presión extrema y enfrentar miedos que muy poca gente llega a sentir.

La disciplina de enfrentar mis miedos, de hacer lo que necesito hacer incluso si no quiero, me ha convertido en un muy buen empresario. Ahora que me dedico a los negocios, enfrento mis temores todos los días. Los empresarios no pueden contar con que tendrán un cheque de nómina constante o con que una gran corporación los protegerá del mundo real de los negocios y de los desafíos.

Cada vez que la gente dice: «Haz aquello que amas y el dinero vendrá solo», yo sólo pienso: *Pamplinas En los negocios la gente tiene que hacer lo que sabe que debe hacer incluso si lo detesta.*

Uno de mis compañeros a bordo del buque era el Teniente Primero Jack Bergman, quien más adelante llegaría a ser el Teniente General Jack Bergman. Piloteaba un CH-46 en Vietnam. Tenía una tripulación de cinco personas pero cuando fue Teniente General llegó a tener a más de 200 000 personas a su mando. Las lecciones de liderazgo aprendidas con la tripulación de cinco se convirtieron en la habilidad de ser el líder de cientos de miles de personas.

Jack, sin embargo, no sólo se convirtió en General en la Infantería de Marina, también fue capitán en una aerolínea —voló para Northwest Airlines— y llegó a ser empresario en el ramo del equipo médico.

Jack y yo pasamos horas a bordo del portaaviones hablando de la guerra, tácticas militares y estilos de liderazgo. Aunque no siempre estábamos de acuerdo, muchas de las lecciones que él me enseñó las he aplicado en los negocios y en la vida.

Estos son algunos de los infantes de marina que utilizaron sus habilidades de vuelo y su experiencia en su vida civil: el Teniente primero Joe Ezell se convirtió en capitán y voló para Emery Air; el Teniente Primero Ted Greene se hizo capitán de United Airlines; y Jack Bergman voló como capitán para Northwest Airlines cuando todavía volaba para la Infantería de Marina.

Si conoces la industria de las líneas aéreas, entonces sabes lo difícil que es que un piloto de helicópteros consiga empleo en una aerolínea comercial. En mi opinión, la disciplina que aprendimos en el Cuerpo de Infantería de Marina fue lo que llevó a estos hombres a ser líderes y tener éxito en el mundo civil.

Todos servimos juntos en el escuadrón HMM-164. Gracias al liderazgo de nuestro comandante, el Teniente Coronel Hertberg, y del oficial ejecutivo, el Mayor Moore, el escuadrón recibió el premio NUC (Navy Unite Citation) y el premio MUC (Meritorious Unit Citation).

Menciono estos premios porque, a diferencia de la Medalla de Honor y la Estrella de Plata, entregadas a individuos, los premios NUC y MUC son para reconocer y premiar a escuadrones completos. Estos premios hablan de la calidad de nuestros líderes. A nuestro escuadrón no le entregaron premios por la cantidad de gente que mató sino por lo bien que nos desempeñamos en combate y por la cantidad de hombres que logramos que regresaran a casa.

Creo que el Teniente Primero Bergman, Greene, Ezell y yo llegamos a tener una vida exitosa tras salir del escuadrón HMM-164 gracias a las lecciones que aprendimos de los líderes de nuestro escuadrón. Los verdaderos líderes inspiran a otros a ser como ellos.

De todas las lecciones que recibí de liderazgo, la mejor me la dio un joven cabo, el artillero de puerta que se enteró de que acababa de ser padre —ya hablé de él anteriormente—, creo que, en varios sentidos, él fue mi mejor maestro.

Yo le pregunté: «¿Estarías bien si tu hijo tuviera que crecer sin padre?», y él, sin dudar, respondió: «Sí, señor, estaría bien. Estoy listo para irnos». Luego sonrió como asegurándome que de verdad estaba «listo para irse», es decir, preparado para morir de ser necesario. Después añadió: «Teniente, usted haga su trabajo y yo haré el mío».

Después de ver el sacrificio al que estaba dispuesto ese joven, haber renunciado a mi empleo y mi alto salario me pareció cosa de niños.

Viéndolo en retrospectiva, la decisión que tomé de dejar mi empleo en la Standard Oil para servirle a mi país, me permitió dejar de ser un empleado con un excelente sueldo, al que sólo lo movía el dinero, para convertirme en un empresario motivado por una misión.

Y como el General George Patton dijo:

> *El cobarde es el que permite que su miedo venza*
> *a su sentido de la responsabilidad.*

Dos ojos, dos orejas... una boca

Si observas la ilustración del rostro que se presenta aquí, notarás que tiene dos ojos, dos orejas y una boca. Esto significa que aprendemos mejor si observamos y escuchamos en lugar de hablar.

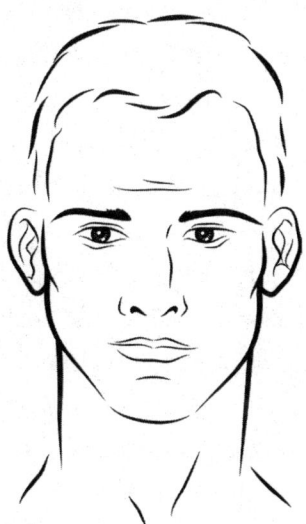

Por desgracia, muchos maestros creen que si ellos hablan mucho, sus alumnos aprenderán más.

Los grandes líderes y maestros suelen ser gente de pocas palabras. Los líderes y maestros mediocres suelen hablar mucho. Dan órdenes que nadie obedece y comparten sabiduría que nadie quiere. Los líderes y maestros malos tratan de amenazarte para que los escuches;

otros tratan de caerte bien. Algunos son dulces y te elogian, pero por lo general son falsos. Tanto el miedo como la amabilidad son máscaras que ocultan profundas inseguridades.

Todos hemos escuchado la descripción: «Es un individuo fuerte y callado». Los maestros y líderes a los que yo más respetaba solían ser justamente así: fuertes y callados. Eran hombres y mujeres de pocas palabras, pero cuando llegaban a hablar la gente les prestaba atención.

La persona que hace la pregunta es la que tiene el control

Cuando una persona habla demasiado, no observa ni escucha lo suficiente para aprender. Los grandes líderes y maestros escuchan y observan en lugar de hablar mucho.

Y cuando llegan a hablar, suelen hacer preguntas porque eso les da la oportunidad de observar, escuchar y aprender más. Por eso los abogados hacen preguntas en los juzgados. Si el acusado hace una pregunta, el abogado le aclara rápidamente: «Yo soy el que hace las preguntas aquí». Los abogados saben que quien hace las preguntas tiene el control.

En lo que se refiere a los negocios, mi padre rico me enseñó a estar interesado, no a ser interesante. De hecho solía decirme: «La gente que quiere ser interesante generalmente es aburrida. La gente que tiene interés, en cambio, es la que controla la conversación, aprende más y no tiene que hablar todo el tiempo».

En el ámbito de las ventas descubrí que si me interesaba, hacía preguntas, escuchaba con los oídos, observaba con los ojos y le permitía al cliente hablar más, yo podía hacer más dinero.

Cada vez que doy una clase hago un esfuerzo para que mis estudiantes hablen más que yo. He notado que entre más hablan y discuten —y entre menos hablo yo—, más aprenden ellos.

CAMBIAR DE HÁBITOS TE PERMITE CAMBIAR TU VIDA

Las escuelas militares se enfocan en cambiar los malos hábitos y remplazarlos con hábitos positivos. Para lograrlo, las academias se empeñan en promover el desarrollo mental, emocional, físico y espiritual de los estudiantes. Así, a los estudiantes que no pueden cambiar las distintas facetas de sus costumbres a menudo los expulsan.

Las escuelas tradicionales se enfocan principalmente en la mente del estudiante; mientras éste obtenga las calificaciones deseadas, su comportamiento no les importa.

Los hábitos son lo que marca la diferencia entre los ricos, la clase media y la gente pobre. La gente pobre no podrá formar parte de la clase media sino hasta que cambie sus hábitos. Cambiar de hábitos exige hacer cambios mentales, emocionales, físicos y espirituales. Sucede lo mismo con la gente de la clase media que quiere volverse rica.

El dinero no basta para cambiar los hábitos, por eso mucha gente que se gana la lotería y muchas estrellas de los deportes —gente que originalmente careció de medios—, vuelven a ser pobres cuando se les acaba el dinero.

Yo diseñé el juego de mesa *CASHFLOW* porque los juegos son excelentes herramientas didácticas. Los juegos tienen el poder de cambiar los hábitos de una persona porque hacen que la gente se involucre mental, emocional, física y espiritualmente.

Leer libros y escuchar conferencias tampoco basta para cambiar los hábitos, así como tampoco sería suficiente para convertirme en piloto. Yo podría saber todas las respuestas correctas en el salón de clase pero todavía tendría que hacer volar un avión. Y si quieres ser rico también deberás hacer algo más que leer y escuchar.

El Cono del aprendizaje		
Después de dos semanas recordamos		Clase de participación
90% de lo que decimos y hacemos	Vivir la experiencia	Activa
	Simular la experiencia	
	Hacer una dramatización	
70% de lo que decimos	Dar una plática	
	Participar en una discusión	
50% de lo que escuchamos y vemos	Ver cómo se realiza la actividad en su entorno real	Pasiva
	Ver una demostración	
	Asistir a una exposición	
	Ver una película	
30% de lo que vemos	Ver imágenes	
20% de lo que escuchamos	Escuchar palabras (Conferencia)	
10% de lo que leemos	Leer	

Fuente: Cono del Aprendizaje adaptado de Dale (1969).

Como podrás notar nuevamente, en la base del Cono del Aprendizaje se encuentran la lectura y la escritura, que son las maneras menos eficaces para aprender. Sin embargo, el sistema educativo se enfoca en estos procesos y los sigue usando en las escuelas tradicionales. De hecho ésta es la forma en que este tipo de escuelas miden la inteligencia.

En la parte superior del cono aparecen las «simulaciones» y «la vivencia de la experiencia» Las escuelas militares se enfocan en estas actividades.

Lo peor de todo, sin embargo, es que nuestras escuelas castigan a los estudiantes por cometer errores. Con las simulaciones y los ejercicios en vivo, los maestros de las escuelas militares motivan a los estudiantes a cometer errores y aprender de ellos.

En la Academia pasé muchas horas navegando en veleros y tripulando barcos con distintos sistemas de propulsión. En la escuela de vuelo pasé horas volando en simuladores sobre tierra y muchísimas horas más en aviones de verdad. Me encantaba aprender en ese ambiente porque el método educativo militar me hacía involucrarme mental, emocional, física y espiritualmente.

Cuando decidí enseñarles a otros las mismas lecciones que me había transmitido a mí mi padre rico, supe que la segunda mejor manera de hacerlo era a través de un juego. Por eso Kim y yo creamos el juego de mesa *CASHFLOW*. Nos pareció que era mejor aprender usando dinero de juguete antes de arriesgar dinero de verdad.

Si analizas el estado financiero del juego *CASHFLOW*, verás que es muy sencillo entender por qué la gente rica se puede volver más rica aún.

CARRERA DE LA RATA — Fase 1: ¡SAL de la CARRERA DE LA RATA! Logra que tu Ingreso pasivo sea mayor que tus Gastos totales.

ESTADO FINANCIERO

1) INGRESO

Descripción	Flujo de efectivo
Salario:	
Intereses/Dividendos:	
Bienes raíces/Negocios:	

PROFESIÓN: _____

SUEÑO: _____

AUDITOR: _____
(La persona que está a tu derecha)

$ Salario
+
$ Ingreso pasivo
(Flujo de efectivo de Intereses/Dividendos y Bienes raíces/Negocios)

= $ Ingreso total

Si el **ingreso pasivo** es mayor que tus **gastos totales**, ¡estás fuera de la Carrera de la rata!

−
$ Gastos totales

= $ _____ DÍA DE PAGA
Flujo de efectivo mensual

2) GASTOS

- Impuestos:
- Pago hipotecario:
- Pago préstamo escolar:
- Autofinanciamiento:
- Pago de tarjetas de crédito:
- Otros gastos:
- Pago préstamo bancario: (10% del total del préstamo bancario)
- Gastos por niño: x (# de niños):

BALANCE GENERAL

3) ACTIVOS

- Ahorros:
- Metales preciosos, etcétera:
- Acciones/Fondos/CD: # de Acciones   Costo/Acción:

Bienes raíces/Negocios   Enganche: Costo:

4) PASIVOS

- Pago hipotecario:
- Préstamo escolar:
- Autofinanciamientos:
- Deuda de tarjetas de crédito:
- Préstamo bancario:

Bienes raíces/Negocios: Hipoteca/Pasivo:

1996-2014 CASHFLOW® Technologies, Inc. Todos los derechos reservados. Los juegos CASHFLOW® están cubiertos por una o más de las siguientes Patentes de Estados Unidos. 5 826 878; 6 032 957; y 6 106 300. Rich Dad®, CASHFLOW®, Investing 101® y "How to Get Out of the Rat Race", son marcas registradas de CASHFLOW® Technologies, Inc. G101CTI8.v14

Muchos estudiantes van a la escuela para aprender a ser integrantes de los cuadrantes E y A: Empleados y Autoempleados. Luego salen de la escuela y se enfocan en su estado financiero.

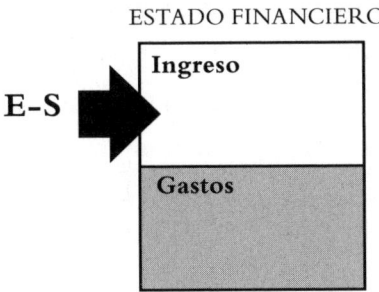

La gente rica les enseña a su hijos a ser D e I, es decir, dueños de negocios grandes o inversionistas, y se enfoca en la columna de activos del balance general en lugar de enfocarse en la columna de ingresos.

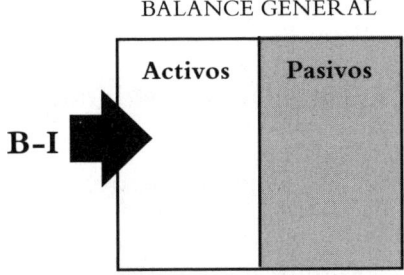

Los ricos siempre se vuelven más ricos porque se enfocan en adquirir activos que puedan llevar dinero a sus bolsillos sin que ellos trabajen. Si tienen éxito, los ricos no solamente generan más dinero año con año; también pagan porcentajes más bajos de impuestos que la gente que obtiene sus ingresos a través del cheque de nómina que recibe por su trabajo.

Lo más importante del juego *CASHFLOW* es que tiene la capacidad de entrenar a una persona mental, emocional, física y espiritualmente para que se enfoque en sus activos, no en los ingresos que recibe por su trabajo.

El juego de *CASHFLOW* es el maestro y le permite a la gente enseñarles a otras personas. Es un maestro que no se cansa nunca. Mientras los estudiantes continúen jugando una y otra vez, el juego seguirá revelando más y más enseñanzas. Entre más errores comete el estudiante con su dinero de juguete, más hábil se vuelve para manejar su dinero real.

Kim y yo nos enfocamos, año tras año, en la siguiente cantidad de activos que adquiriremos. No nos enfocamos en trabajar más para ganar más dinero, tampoco regresamos a la escuela para aprender maneras de ganar más dinero. Sólo trabajamos duro para crear y adquirir más activos, o mejorar los que ya tenemos. Por eso diseñamos los juegos *CASHFLOW*— *CASHFLOW 101*, *CASHFLOW 202*, y *CASHFLOW para niños*— tanto en su versión de juegos de mesa, juegos electrónicos o juegos para aplicaciones móviles. Los juegos *CASHFLOW* son simuladores de lo que hacemos en la vida real.

Pasos a seguir

Ejercicios para desarrollar tus habilidades de liderazgo

1. ¿Quiénes fueron tus mejores maestros? ¿Qué hicieron para inspirarte a aprender?
2. ¿Quiénes fueron tus peores maestros? ¿Por qué eran terribles e incompetentes?
3. Cuando participas en conversaciones ¿con qué frecuencia hablas? ¿Qué porcentaje del tiempo hablas? ¿En qué porcentaje observas y escuchas? La próxima vez que tengas una conversación cuenta el número de preguntas que hagas. Observa de qué manera pregunta la otra persona. Luego determina quién aprendió más del otro.
4. Estudia el Cono del Aprendizaje. ¿Cuál es la diferencia entre aprender de libros y conferencias y aprender de simulaciones y al tener la vivencia real?

5. ¿Cómo puede aprender alguien si lo educaron para tener miedo a cometer errores?
6. ¿Por qué los juegos involucran a la persona mental, emocional, física y espiritualmente?
7. ¿Cuál es la diferencia entre una persona avocada a ir a la escuela para aprender a trabajar y así ganar dinero, y otra que se enfoca en adquirir activos?
8. ¿Por qué una persona trabaja arduamente mientras otra se vuelve rica sin trabajar más?
9. ¿Por qué no basta con tener dinero para ser rico? ¿Por qué darle dinero a la gente no resuelve sus problemas?
10. ¿Por qué los líderes tienen que ser maestros?

Un último comentario

El lema de la Academia de la Marina Mercante de Estados Unidos es: «Acta Non Verba»: *Hechos, no palabras*. Como yo era una persona bastante tímida (digamos que solía ser muy callado y, en las fiestas, incluso aburrido), me pareció que el lema de la Academia iba a ser muy benéfico para mi vida. En lugar de tratar de ser un gran orador, decidí dejar que mis acciones hablaran por mí. Hoy en día, en lugar de decir que voy a hacer algo, prefiero quedarme callado y simplemente hacerlo. Por eso, entre más logros tengo en la vida, menos tengo que decir para que me escuchen.

El Reporte de Robb

Yo fui un niño sin límites, y aunque en aquel entonces no lo sabía, deseaba tenerlos vehementemente. Pero claro, no le iba a hacer las cosas fáciles a quien tratara de imponerme esos límites. Yo necesitaba un maestro muy especial porque ya había rechazado a los de la escuela y no le hacía caso ni a mi madre. Necesitaba un maestro que, antes que nada, fuera un líder.

Ya mencioné a algunos de mis grandes líderes pero debo aclarar que todos fueron excelentes maestros también. Los grandes líderes y maestros suelen ser gente de pocas palabras. Más que hablar, escuchan. Nelson Mandela decía que él había aprendido sobre el liderazgo gracias a su padre, un jefe tribal.

El padre de Mandela le dijo que la clave para ser un gran líder era hablar en último lugar. Le dijo que era mucho más sabio escuchar muchos pensamientos y opiniones en lugar de indicarle a la gente lo que debía pensar. Cuando el padre de Mandela se reunía con su tribu, colocaba a sus asesores en círculo y les hacía preguntas. Luego escuchaba. Escuchaba toda la sabiduría reunida en el lugar. Después hacía más preguntas y seguía escuchando. Finalmente hablaba. Los líderes hablan al final.

Precisamente así se manejaba mi Comandante de Compañía, el hombre que me enseñó sobre la disciplina y el valor que ésta tenía en mi vida. El Comandante llegaba a la barraca y hacía preguntas. Rara vez hacía declaraciones. Tampoco nos amenazaba para obligarnos a escucharlo. Observaba más de lo que hablaba. Comunicaba más con sus acciones, y el tiempo que le dedicaba a observar, era más elocuente que cualquier discurso.

El Jefe Burk, el que me hizo darle vueltas a la base, fue el primero en notar mi potencial como líder. Él tenía una capacidad increíble para enseñar con sus propias acciones.

Aunque el Jefe Burk quería que yo liderara, nunca me dijo cómo hacerlo, sólo me envió a aprender a través de mis actos y, sobre todo, de mis fracasos. Luego me hizo muchas preguntas hasta que se me ocurrió una idea, un plan de acción. Entonces me envió a actuar de nuevo. Creo que nunca he aprendido tanto como lo hice gracias al liderazgo de ese hombre.

La Armada Naval me dio MUCHO que leer y también muchas conferencias, pero con lo que realmente aprendí más fue con las experiencias que me proveyó el Comandante de Compañía. Es como dice Robert, aprendes más de hacer y simular que de leer o asistir a una conferencia.

Cuando pusieron a mi cargo una sección, quise liderar de la misma forma que lo hacía el C. C. Quería ser un gran líder y tener la mejor sección. Organicé muchas reuniones y asigné montones de lecturas. También ejercicios y exámenes. ¡Mi sección iba a ser la mejor! Sólo que no fue tan sencillo.

No podía comprenderlo. ¿Cómo pude fracasar? ¿Cuál era el problema de mi sección? Yo había hecho todo bien pero, ¡mi sección era una porquería!

Cuando llegó el momento en que tuve que ir a la oficina de mi C. C. para revisar nuestros resultados, me sentí humillado, avergonzado. El C. C. leyó el reporte en silencio y luego levantó la cabeza.

«¿Qué piensa de los resultados?», me preguntó.

«Creo que son terribles», contesté.

«¿Qué planea hacer para mejorarlos?»

«Bueno, supongo que haré que los miembros de la sección estudien con más ganas durante más tiempo. Supongo que fui muy laxo con ellos. Luego susurré: y voy a tener una sección más inteligente».

Eso era lo que él esperaba.

«No creo que tenga que ver con su sección. ¿No sería posible que el problema sean su liderazgo y su forma de enseñar?»

«¡¡¿Cómo?!!» No podía creerlo. «Hice justamente lo que usted me...», pero entonces comprendí por qué me había hecho esas preguntas.

Mi C. C. no me había enseñado con conferencias y lecturas. Él siempre enseñaba con preguntas y tareas que implicaban acción. Era precisamente lo que estaba haciendo en ese momento.

Era lógico.

«¿Me puedo retirar, señor?», pregunté. Ya sabía lo que tenía que hacer.

El liderazgo no consiste en enseñarle a tu equipo cuán inteligente eres ni probar que mereces tu puesto. De pronto comprendí que tenía que ser un maestro para ellos.

A partir de ese día empecé a guiar a mi equipo de la misma manera en que me habían guiado a mí. Seguimos leyendo libros pero luego practicábamos lo aprendido realizando tareas reales. Mientras el equipo practicaba yo hacía preguntas. Hubo veces en que ni siquiera sabía yo todas las respuestas, por lo que ahora creo que terminé aprendiendo tanto como mi sección, si no es que más.

Y, sí, nuestras calificaciones mejoraron muchísimo.

—Robb LeCount

Capítulo diez

LECCIÓN DE LIDERAZGO #8
Ser líder es un enorme trabajo de ventas

Los líderes que han cambiado el mundo han sido los mejores vendedores también. Jesucristo, Buda y Mahoma se encuentran entre los líderes religiosos más importantes de todos los tiempos, y para lograr que los seres humanos siguieran el camino del bien en lugar de tener una vida de sexo, trampas, robo y mentiras, los tres actuaron como los mejores vendedores del mundo.

En 2008, Barack Obama venció al senador John McCain en la carrera por la presidencia de los Estados Unidos porque fue mucho mejor vendedor y porque su equipo de ventas fue más apto. Obama es la primera persona que ganó la presidencia de nuestro país usando internet. En 2012 también superó a Mitt Romney y así aseguró su segundo mandato. Los líderes del ámbito empresarial son vendedores también, y si dejan de serlo, dejan de ser líderes en los negocios. En la vida en general, la gente rica debe vender más que la pobre. Los que venden más se convierten en líderes en sus ramos. Dicho llanamente, el liderazgo depende de las ventas, y las ventas, del liderazgo.

Mi primera tarea de liderazgo en la Academia consistió en hacer que mis compañeros de sección —mis compañeros de clase—, obedecieran mis órdenes. Recuerdo muy bien la primera vez que fui líder de sección estaba muy nervioso cuando dije: «¡Sección! Atención, ¡ya!».

Y entonces, uno de mis compañeros dijo: «Jódete, Kiyosaki».

Repetí la orden y obtuve la misma respuesta.

La repetí y en esta ocasión me gritaron: «Vete a la...».

Ya estaba muy enojado, así que, finalmente, reuní valor y exclamé: «Mira, Murphy, si quieres fregarme, yo también te voy a fregar cuando seas líder de sección». Murphy se rio y contestó: «Sólo tenía curiosidad por saber cuándo te ibas a fajar bien los pantalones porque al principio sonaste como mi hermanita».

Y ahí me tuve que callar la boca y resistir las ganas de responderle a Murphy. Sólo volví a dar la orden con mucha más autoridad: «¡Atención!». Entonces toda la sección me prestó atención. Ya no hubo bromitas. «Flanco derecho», fue mi siguiente orden y, para mi sorpresa, todos obedecieron. Y cuando ordené: «Marchen... ¡ya!», los veinte adolescentes de mi sección empezaron a marchar hacia el salón de clase.

Ese día aprendí mi primera lección de liderazgo. El liderazgo consiste en algo más que sólo decir las palabras correctas o sólo dar órdenes. Se trata de ganarse el respeto de la gente a la que vas a liderar. El hecho de estar a cargo no significa que la gente te obedecerá. El liderazgo es un trabajo de ventas. La gente no sólo sigue ciegamente a alguien que se proclama su «líder». La gente quiere que la guíen pero también tener a alguien a quien admirar. La gente quiere alguien a quien respetar.

En las fuerzas armadas los líderes piden a sus tropas que estén dispuestas a dar la vida. En los negocios, los líderes les piden a los clientes que les entreguen su dinero. Así que en ambos casos los líderes tienen que vender.

Las tres partes de la comunicación

A la comunicación la conforman tres elementos:

1. Palabras = 7%
2. Tono | Timbre | Tempo = 34%
3. Apariencia física y presencia = 55%

Obviamente los porcentajes citados son aproximados y están basados en la comunicación cotidiana. Los porcentajes no suman 100 porque hay cabida para otros factores. Estos porcentajes varían dependiendo de la persona y el ambiente pero el punto es que la comunicación es más que sólo palabras. A veces, el silencio es la forma de comunicación más poderosa de todas.

Palabras

Los porcentajes ilustran la idea: las palabras son el aspecto menos importante de la comunicación, por eso mucha gente dice: «Le dije qué hacer pero no lo hizo» o «Le dije las palabras correctas». Pero las palabras sólo juegan un papel menor en la comunicación exitosa.

Esto, sin embargo, no significa que las palabras no sean importantes. Las palabras tienen mucha relevancia pero en el contexto del discurso cotidiano, las otras dos partes de la comunicación tienen mucho peso sobre ellas.

Tono | Timbre | Tempo

El tono se refiere al tono emocional de la voz. Una persona enojada captará más la atención que una tímida. Los buenos oradores usan distintos tonos emocionales en sus discursos. La gente que habla en un solo tono suele ser aburrida y monótona.

El timbre se refiere al tipo de voz de la persona. Por ejemplo, la gente con voz chillona, rasposa o nasal, tendrá más problemas para comunicarse. Mucha gente se gana bastante bien la vida haciendo anuncios para radio sólo porque el timbre de su voz es suave y fuerte, e inspira confianza.

Muchos hemos escuchado a gente que, a pesar de usar las palabras correctas, no suena sincera. Esto frecuentemente sucede cuando el tono emocional y el timbre no coinciden con las palabras. Por ejemplo, si una persona dice «Lo lamento» en un tono iracundo y con un timbre áspero, tal vez comunique exactamente lo contrario de lo que significa «Lo lamento».

El tempo es el ritmo del discurso. En Estados Unidos la gente del norte tiende a hablar más rápido que la del sur. Si una persona habla con más lentitud que a la que su público está acostumbrado, perderá ventas.

Para ser eficaz, el líder debe estar consciente de su tono, tempo y timbre al hablar.

APARIENCIA FÍSICA Y PRESENCIA:

Casi todos hemos visto a gente tan hermosa que te deja sin aliento y realmente no te importa lo que diga. En otras palabras, la forma en que luces y tus gestos son la parte más importante de tu comunicación como líder.

Una sonrisa silenciosa puede comunicar mucho más que las palabras; asimismo, un ceño fruncido silencioso también puede comunicar a todo pulmón. ¡Y ya sabemos que mostrarle a alguien el dedo medio siempre puede provocar más riñas que cualquier discurso!

La mayoría de los oradores se paran detrás de un podio y sólo dan un discurso. Esto los despoja de su herramienta de comunicación más poderosa y reduce la efectividad de su mensaje. Pararse frente a la bandera del país inspira a los patriotas, y caminar sobre el escenario acompañado de guardias con rifles ayuda a cualquier dictador a dejar claro su mensaje, por ejemplo.

La televisión ha sido un medio poderoso porque comunica visualmente. La comunicación visual puede ser más fuerte que la comunicación auditiva, si ésta se utiliza aisladamente. A una persona obesa le costará más trabajo vender un programa para bajar de peso que a una persona delgada, por ejemplo. A una persona vestida como indigente le será difícil encontrar compradores si lo que quiere vender es la clave del éxito financiero. La apariencia comunica salud, riqueza y belleza. Mucha gente cree que su ropa y su arreglo personal no son importantes; si tú eres una de esas personas, trabaja sin ropa y luego me cuentas cómo te fue.

La apariencia personal era un tema muy relevante en la Academia y en el Cuerpo de Infantería de Marina. Para nosotros era muy importante sentirnos orgullosos de usar el uniforme. Por eso los uniformes son idénticos: para unificar. Aunque nuestros uniformes eran iguales, el rango debía notarse. Por eso conocíamos bien la diferencia entre las estrellas de plata de los generales y las barras doradas de los tenientes segundos. Los uniformes también les comunicaban a otros tu rama de especialidad. Los pilotos, por ejemplo, usaban alas y los submarinistas, delfines. En la Armada, la boina verde era una insignia de honor.

Cuando yo hago apariciones en público me tomo el tiempo necesario para asegurarme de que mi apariencia hable antes de que yo abra la boca. Me visto como un hombre que tiene ventaja. Pero yo no elijo mi ropa porque no tengo buen gusto, eso se lo dejo a los asesores de imagen profesionales. Yo no pongo objeciones, sólo pago la cuenta y me pongo la ropa que me eligen.

La respuesta que obtienes es el verdadero indicador de la comunicación exitosa

Creo que todos hemos asistido a una clase o conferencia en la que nos hemos quedado dormidos porque el orador era aburrido. Tal vez era inteligente, iba bien vestido, e incluso tú tenías interés en la materia pero la única respuesta para el orador fueron... ronquidos.

Te daré un buen parámetro para desarrollar tus habilidades de ventas y de liderazgo: «La respuesta que obtienes es el verdadero indicador de la comunicación exitosa». Dicho de otra forma, lo importante no es lo que dices sino la retroalimentación que recibes de la audiencia, es el verdadero indicador de la comunicación exitosa o la comunicación deficiente.

Si hiciste un buen trabajo de ventas, éstas aumentarán. El dinero es la respuesta. Si tu labor es deficiente, la gente estrechará tu mano y te dirá: «Déjame pensarlo». En este caso, tu respuesta es un ingreso igual a cero. Probablemente fuiste aburrido y le hiciste perder el tiempo a tu comprador potencial. Y también perdiste tu tiempo. Necesitas tomar esa respuesta, usarla como retroalimentación y aprender de ella. Practica tus presentaciones y tu discurso de ventas hasta que recibas la respuesta que esperas.

En español, la palabra «responsabilidad» parece estar formada por dos palabras diferentes: respuesta y habilidad. Si tomas en cuenta este juego de palabras, te será fácil recordar que tu *responsabilidad* consiste en tener la *habilidad* de obtener la *respuesta* que quieres. Todo esto es parte del liderazgo y de tu capacidad para vender. Los líderes mediocres culpan a sus empleados, y culpar a alguien más es cosa de gente sin capacidad. Quienes culpan a otros nunca llegan a ser líderes porque los líderes son los que invierten el tiempo necesario para desarrollar su habilidad y conseguir la respuesta que quieren.

Ventas... la habilidad #1 del empresario

En 1974 dejé el Cuerpo de Infantería de Marina y, en lugar de seguir los consejos de mi padre pobre —conseguir un empleo como piloto en una aerolínea comercial, volver al mar como oficial marítimo o regresar a la escuela para conseguir mi título de maestría y así trabajar para el gobierno—, decidí hacerle caso a mi padre rico y convertirme en empresario.

«Si quieres ser empresario, desarrolla tu capacidad de ventas, que es la más importante», me dijo. Estas palabras me han acompañado desde entonces en mi viaje en la actividad empresarial.

En 1974 me uní a Xerox Corporation porque esta empresa tenía un excelente programa de entrenamiento de ventas. En cuanto terminó el curso me lancé a las calles de Honolulú y empecé a fracasar como vendedor. Era tan malo para vender, que todos los lunes me daban ganas de renunciar.

Otro de los consejos de mi padre rico fue: «Fracasa con mayor rapidez». «¿Cómo aprenderás a vender si sólo haces dos o tres llamadas al día?», me preguntó. Así que tomé su consejo y, a las 5 de la tarde, cuando salía de Xerox, iba a las oficinas de una organización sin fines de lucro en donde hacía «Llamadas por dólares». Nadie me pagaba por hacer este trabajo pero me servía para hacer más «llamadas de ventas» al día. Mi objetivo era hacer por lo menos treinta llamadas entre las 6 y las 9 de la noche diariamente. Aunque no me fue de maravilla haciendo llamadas por dólares, mis cifras de ventas en Xerox empezaron a mejorar. Para cuando dejé la empresa en 1978 y eché a andar mi propio negocio —el de carteras de velcro para surfistas—, era el vendedor número uno de Xerox en Honolulú.

En 1984 decidí dedicarme a enseñar y seguí el mismo proceso. Empecé a hablar gratuitamente para cualquier persona que estuviera dispuesta a escuchar. Hice presentaciones preliminares y ofrecí seminarios sin cobrar, sólo para contar con la experiencia. Tenía amigos como Blair Singer, quien me encerraba en un salón para que practicara unas dos o tres noches por semana. Blair era inclemente, me exigía mejorar más y más como orador. Poco tiempo después empezaron a pedirme que diera conferencias en todo el mundo y, una vez más, trabajé sin cobrar, sólo pedía que cubrieran mis viáticos. Para 1986 ya nos comenzaron a pagar a Kim y a mí cuando trabajábamos como oradores; lo hacían porque había mucha demanda por lo que estábamos enseñando. Por fin estábamos recibiendo la respuesta que queríamos y, para 1994, Kim y yo alcanzamos la libertad financiera.

Actualmente ambos viajamos como maestros y líderes del campo de la educación financiera. Blair es toda una autoridad en ventas y entrenamiento para vender. Sus programas son muy rigurosos y te cambian la vida. Blair tiene la capacidad de hacer que surja el líder en ventas que hay en cada persona.

Mi consejo para quienes quieren ser líderes, es: «Continúa practicando, recibiendo retroalimentación y mejorando hasta que puedas obtener la respuesta que quieres. Es tu *responsabilidad*, es la esencia del liderazgo.

Todas las decisiones son emocionales

Lidiar con gente que es como tú, es relativamente fácil pero, lidiar con gente distinta —floja, beligerante, mal hecha o incompetente—, requiere de muchísima capacidad. Asimismo, ser capaz de cambiar el punto de vista de alguien más, exige más que palabras.

También se necesita más que palabras para mantener tu posición y tener el valor de defender tus opiniones, en especial si no son del agrado de mucha gente. Se necesita valor. Como verás en el siguiente diagrama, la verdadera comunicación implica riesgos porque todas las decisiones son emocionales.

La imagen muestra un simple diagrama en triángulo del ser humano.

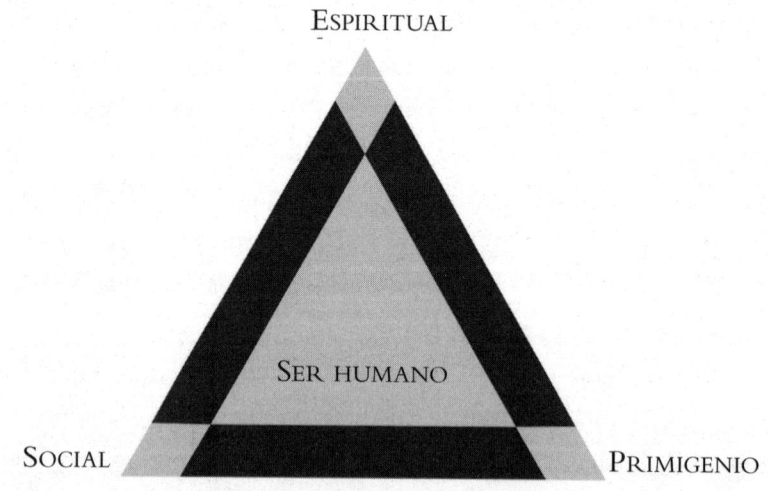

Los líderes y los vendedores no son eficaces si no penetran la fachada social que tiene la gente. Para ser exitoso, el líder o el vendedor debe llegar a la persona a un nivel primigenio. Recuerda que los humanos no somos racionales, somos muy emocionales y eso afecta todas nuestras decisiones. Si una persona no logra ir más allá de la capa social, no sucede nada. Por eso cuando los publicistas hacen anuncios para hombres jóvenes, muestran mujeres hermosas, y cuando los anuncios son para hombres mayores, pues también. Porque el sexo es primigenio.

En lo que se refiere a vender autos, los publicistas te ofrecen la seguridad familiar si se trata de un Volvo porque sentirse seguro es primigenio. Ferrari te vende sexo por la misma razón. Los anuncios en revistas o en televisión que no llegan a tocar la fibra primigenia, tienen menos éxito que los que sí lo hacen y, por lo tanto, también producen menos ventas.

El miedo, el sexo, el deseo, el amor, el respeto, el vigor y la belleza son algunos de los «botones» primigenios que los líderes y vendedores oprimen en la gente. Recuerda que todas las decisiones son emocionales, así que si tu oferta no apela a la emoción, resulta aburrida. Y las personas aburridas, por cierto, suelen ser líderes y vendedores mediocres.

Algunos de los mejores vendedores que conozco son gente que logró terminar carreras universitarias con lo que ganaba vendiendo de puerta en puerta. También los misioneros mormones son excelentes vendedores.

Para traspasar la fachada social de una persona se requiere de muchísima habilidad, paciencia, valentía y perseverancia, y todas estas cosas, a su vez, desarrollan el carácter y la autoestima. El carácter, por cierto, no es la ausencia de miedo, sino lo que definen tus acciones *a pesar* del miedo.

Cuando yo estaba decidiendo para qué rama de las fuerzas armadas volaría, el discurso que tuvo mayor impacto en mí fue el de un oficial de la marina. El oficial se presentó en el escenario, impecablemente vestido con su uniforme azul del Cuerpo de Infantería de Marina y habló frente a unos 500 jóvenes. Habló con voz fuerte y autoritaria, y nos dijo: «Si quieren salvar gente, vuelen para la Guardia Costera. Si quieren matar gente, únanse a la Infantería de Marina».

Ahora bien, yo sé que esto les puede sonar bastante enfermizo a algunos, sé que me arriesgo mucho al compartir mi faceta más profunda, oscura y primigenia, sin embargo, es la verdad. Ésa fue la presentación que influyó, LA QUE ME HIZO TOMAR la decisión. Así es, mi decisión no fue racional.

Mi familia pertenece a la clase samurái de Japón. Siete de mis tíos participaron en la Segunda Guerra Mundial; cinco lucharon contra los alemanes y los italianos, y dos contra los japoneses. A uno de ellos lo capturaron los japoneses, precisamente. La guerra corre en mi sangre. Así que cuando el reclutador dijo esas palabras, tocó una fibra en mí que hizo aflorar el legado de varias generaciones de mi familia. Sus palabras me dieron valor para luchar por mi país en un momento en el que otros jóvenes estaban quemando sus tarjetas de reclutamiento, tratando de conseguir «aplazamientos de estudiantes», huyendo a Canadá y escupiéndoles a los muchachos que sí iban a la guerra. Las palabras del orador me empujaron a ir más allá de mis miedos. Me inspiraron a adoptar una postura y a tomar una decisión irracional que cambió el rumbo de mi vida.

Si ya viste la película *Nacido el cuatro de julio*, protagonizada por Tom Cruise, tal vez recuerdes una escena muy similar a la que acabo de describir. El reclutador de los *Marines* en la película decía casi exactamente lo mismo que el reclutador que yo escuché en vivo.

Es verdad, los *Marines* están buscando a algunos cuantos hombres de calidad. Ese día, de los 500 hombres que llenaban el auditorio, sólo 25 fueron a ver al reclutador de los *Marines*. Los demás hablaron con los reclutadores de la Fuerza Naval, la Armada, la Fuerza Aérea y la Guardia Costera.

Pasos a seguir

Ejercicios para desarrollar tus habilidades de liderazgo

1. Habla sobre las diferencias entre hablar y vender.
2. ¿Por qué hay algunos oradores a los que nadie escucha?
3. Discute las tres partes de la comunicación: palabras, tono y apariencia física y presencia.
4. ¿Por qué son importantes el tono, el timbre y el tempo? ¿Qué pasa si alguien habla con ira? ¿Con tristeza? ¿Miedo? ¿Alegría? ¿Qué pasa si el timbre de voz de una persona es molesto? ¿Qué pasa si la persona habla demasiado lento o demasiado rápido?
5. ¿Por qué es importante la apariencia física? ¿Por qué tu apariencia física puede «vender» incluso antes que tú?
6. ¿Cuál es la diferencia entre tu faceta social y tu faceta primigenia?
7. ¿Por qué la mayoría de las decisiones que tomamos son irracionales?
8. ¿Qué hacen los líderes para llegar al lado primigenio de una persona? ¿Qué habilidades poseen que la demás gente no?

Un último comentario

Algunas personas nacen siendo líderes. Ése no fue mi caso. En la Academia resultaba obvio quiénes eran líderes natos pero, en lugar de sentirme mal por mi estatus, decidí trabajar en mis habilidades de liderazgo, cosa que sigo haciendo hasta la fecha.

La base del liderazgo es la valentía o el coraje. La palabra coraje proviene de la palabra francesa *coeur*, que significa *corazón*. La valentía o coraje es algo que generalmente no necesitamos en la cotidianidad sino sólo cuando enfrentamos un desafío. Para desarrollar mis habilidades de liderazgo me hice el hábito de ponerme constantemente en situaciones en las que mi valentía se vería puesta a prueba. Es un hábito que desarrollé en la Academia, en la Infantería de Marina y en mi actividad como empresario. El secreto de mi éxito no es mi inteligencia, mi personalidad ni mi talento, sino mi disciplina para poner mi valentía a prueba.

Mi padre rico solía decir: «Yo soy rico porque hago cosas que la mayoría de la gente no está dispuesta a hacer. El éxito exige sacrificios y yo estoy dispuesto a hacerlos». Cuando fui oficial militar, no me fue difícil estar dispuesto a sacrificar mi vida, sin embargo, pedirle a otros jóvenes con familia que estuvieran dispuestos a hacerlo por nuestro país, fue una de las labores de ventas más difíciles hechas en mi vida. No obstante, en cuanto estuve dispuesto a sacrificar mi vida y a pedirles a otros que también lo hicieran, convertirme en empresario fue muy sencillo. ¿Por qué? Porque el empresarial es el segundo ambiente más hostil creado por el hombre.

El Reporte de Robb

Robert hace reuniones semanales con todo el personal de The Rich Dad Company; son las mismas reuniones que grabamos y transmitimos para la gente inscrita en el grupo *Insiders*. En una de esas reuniones, Robert declaró que todo mundo está vendiendo todo el tiempo. Siempre hay alguien vendiendo algo y alguien comprando. Yo jamás había visto las cosas de esa manera.

Cada vez que le pedía a una chica que saliera conmigo, me estaba poniendo a la venta. Si ella me rechazaba, no había transacción. Si yo dejaba de intentarlo, entonces yo me volvía comprador y ella vendedora, porque yo terminaba comprando el entendimiento de que ella no estaba verdaderamente interesada y de que no debía seguir perdiendo mi tiempo.

Otra cosa que también dijo Robert fue que si nos quedáramos varados en una isla con algunas personas más, la habilidad más codiciada sería la de vender. De esa forma podríamos obtener lo que quisiéramos —o lo que necesitara hacerse—, porque venderíamos las habilidades del grupo y apalancaríamos esas mismas habilidades y talentos para mantener vivos a todos.

Aunque suena rara, la idea de Robert tiene mucho sentido. El liderazgo es solamente un tremendo trabajo de ventas. Mis líderes en las fuerzas armadas tuvieron que venderme —hacerme creer— la idea de que ellos eran dignos de mi respeto. En pocas palabras, me vendieron la noción de que eran líderes.

La primera vez que me metí en problemas con mi C. C., él me vendió la idea de que yo era mucho mejor de lo que indicaba mi comportamiento. Luego me vendió la idea de que yo mismo podía ser un líder.

En todos los años que llevo aquí en The Rich Dad Company, he escuchado a Robert decir muchísimas veces que la principal labor de un líder es crear más líderes. Y es lógico. Para realizar la labor principal, es necesario contar con la habilidad número uno: vender.

Cuando Shane Caniglia —presidente de Rich Dad y empresario con varios negocios— llegó a esta empresa, tuvo que ser paciente y vendernos su autoridad. En cuanto el equipo la compró, en lugar de que Shane se aferrara a su posición de poder, empezó a identificar, formar y educar líderes. Creó un equipo central de líderes que le ayudaron a sobrellevar la carga de la empresa.

Como ya lo expliqué en las lecciones anteriores, la unidad no es algo que deba darse por hecho. Uno tiene que trabajar y enfocarse en la ella de manera constante. Actualmente, el trabajo principal de Shane consiste en mantener a sus líderes principales trabajando en un equipo unificado. Shane predica la comunicación constante. Nos VENDE el concepto de comunicación permanente. Y nosotros compramos lo que él ofrece.

Este libro también funciona como venta. Te vende la idea de que tú también puedes ser un líder. Aquí te estamos vendiendo la historia de cómo nos convertimos en líderes nosotros porque no nacimos siéndolo.

Finalmente, este libro te vende algo de lo que en verdad estamos convencidos: de que puedes ser empresario. Si formaste parte de las fuerzas armadas, entonces ya tienes ventaja. Si no, tendrás que trabajar más para aprender las lecciones que aquí se ofrecen.

En resumen: este libro te ayuda a venderte. Así que dirígete afuera y empieza actuar porque el mundo necesita empresarios.

—Robb LeCount

Sección adicional

Por qué le pedí a Dave Leong que escribiera sobre el Código de Honor

Tal vez te sorprendería saber la frecuencia con que hablamos en The Rich Dad Company del Código o Código de Honor. Y cada vez que lo hacemos traigo a Dave Leong y le pido que nos cuente su experiencia en la Fuerza Aérea.

En Rich Dad tenemos un Código de Honor aplicable a nuestra empresa y a todos nuestros socios. Asimismo, siempre alentamos a nuestros empleados a que implementen códigos similares en sus propios negocios y en sus relaciones profesionales. Incluso les sugerimos que establezcan un Código para sus familias, así como lo hicimos Kim y yo. El código es un estándar al que nos aferramos y nos comprometemos, y los únicos responsables de obedecerlo somos nosotros mismos.

No siempre resulta sencillo obedecer el Código en la vida o lidiar con las consecuencias de que tú u otros violen sus principios, pero hay algo que sí es muy claro: cuando hay un código, siempre sabes cuál es tu posición, qué esperan los otros de ti y qué puedes esperar tú de los otros.

Dave nos cuenta sus experiencias en la Fuerza Aérea, las vivencias bajo el Código de Honor y la forma en que éste modificó su perspectiva cuando se atrevió a invertir y abrir sus propios negocios.

Gracias, Dave.
—Robert Kiyosaki

El Código de Honor

por Dave Leong

Cuando Robert se acercó a mí y me pidió que escribiera una breve historia de mis experiencias como graduado de la Academia de la Fuerza Aérea de los Estados Unidos, me agarró un poquito desprevenido. Me sentí honrado pero también ligeramente horrorizado al mismo tiempo. ¿Por qué? Porque soy una persona que no suele compartir sus experiencias. Y porque no soy autor.

No obstante, en el tiempo que he pasado con Robert en The Rich Dad Company, siempre ha habido un mensaje que me ha llegado profundamente: el crecimiento viene con el cambio. Así que, aquí vamos.

Robert me pidió específicamente que escribiera sobre el Código de Honor bajo el que viví y serví en el tiempo que pasé en la Academia de la Fuerza Aérea y mientras estuve en servicio en la Fuerza Aérea, pero también sobre cómo lo aplico ahora en mi vida y mis actividades como aspirante a empresario e inversionista.

Para empezar, el Código de Honor de la Academia de la Fuerza Aérea de Estados Unidos es: «No mentiremos, robaremos, haremos trampa ni toleraremos a ninguno de los nuestros que lo haga».

Todas las academias militares —Academia de la Fuerza Aérea, Academia Naval, Academia Militar de West Point, e incluso la Academia de la Marina Mercante— conservan y respetan el Código de Honor. Las universidades estatales, en cambio, no tienen código de honor, ni siquiera las privadas.

Honestamente creo que podría aburrirte con un recuento de todos los problemas de habitante del primer mundo que tuve en la academia y con la historia de lo mucho que se me dificultó vivir bajo un Código de Honor porque era un universitario cabeza hueca. Pero prefiero decirte que lo más maravilloso de cualquier código de honor o de conducta —ya sea el usado en la academia militar, en el servicio activo, en una compañía del ámbito civil o en tu propio negocio—, es que saca a la persona de la situación y provee permiso. Es decir, el código permite a todas las personas de la organización convocar a sus colegas y al liderazgo. El código deja fuera el aspecto individual o personal y se enfoca en que la gente respete las reglas y ponga a la organización en primer lugar. ¿Te suena familiar?

Voy a recurrir a una experiencia breve pero muy significativa que tuve estando en las fuerzas armadas y que me ayudó a formarme como persona y trabajar para añadirle valor a este mundo:

> Después de invertir más de tres años de trabajo arduo, estudio y disciplina, por fin llegamos a nuestro último año —el del Primer Grado— de El zoológico (como le decíamos a la academia de cariño). A algunos de mis amigos y a mí nos gustaban las motocicletas deportivas; nos encantaban las elegantes y sexis líneas del diseño de las motocicletas Ducati, Suzuki y Honda. El aroma del tubo de escape, la cantidad de torque que produce

la línea, el manejo en las curvas y la alta velocidad resultaron ser demasiado atractivos para estos cuatro universitarios con algo de dinero en efectivo.

El problema era que El zoológico tenía una política que les prohibía a los cadetes tener motocicletas. Como nos sentíamos intocables hasta cierto punto, decidimos comprarlas de todas maneras y guardarlas en el departamento de un amigo (lo cual también estaba prohibido). Porque, ¿qué podría salir mal?

Unos meses después, sin embargo, nuestro amigo, el dueño del departamento tuvo, con la que muy pronto se convertiría en su ex novia, un desencuentro a gritos provocado por el alcohol. Los gritos fueron suficientemente fuertes para que la gente llamara a la policía y, en cuanto se descubrió que nuestro amigo era cadete, la policía contactó a la Oficina de Investigaciones Especiales de la Fuerza Aérea (AFOSI, por sus siglas en inglés). No sé, imagínate al FBI en acción.

La chica, que ahora fungía como ex novia, se aseguró de hacerle saber a la AFOSI que otros cadetes, o sea nosotros, guardábamos nuestras motocicletas en el departamento. Ella sabía bien cuáles podrían ser las repercusiones pero, bueno, nosotros también.

La AFOSI hizo un trabajo tan preciso como el de un cirujano y nos interrogó por separado, así que, incluso si hubiéramos querido armar una coartada, nos habría sido imposible.

Pero nada importó. Aunque no nos habíamos comportado con toda rectitud y, de hecho, rompimos algunas de las reglas y lo sabíamos, nos apegamos al Código de Honor y no negamos lo que habíamos hecho.

A mi mejor amigo y compañero de cuarto lo interrogaron también. Aunque él no tenía motocicleta, obviamente estaba enterado de que *yo sí*. Él coopero y dijo la verdad. No se sintió genial al respecto porque sabía lo que su declaración podría implicar para mí. Valoré el hecho de que se sintiera así pero, si no hubiera dicho la verdad, me habría molestado muchísimo porque lo conocía y esperaba que se comportara con rectitud.

Las preguntas que le hicieron fueron muy precisas y el contestó con la verdad. Ambos habíamos firmado y aceptado que viviríamos bajo las reglas del Código de Honor, y eso fue exactamente lo que hicimos. No hubo resentimientos de ninguna especie. En ese momento ya no se trataba de él ni de mí sino del Código de Honor y de si lo obedeceríamos o no.

Todo esto sucedió a tan sólo unos tres meses de la graduación, así que nuestra decisión de adquirir motocicletas tenía el potencial para convertirse en un desastre. Si el Comandante de Cadetes —un coronel— lo decidía así, no nos permitirían graduarnos, nos expulsarían de El zoológico y luego tendríamos que cumplir nuestro compromiso como parte de los cuerpos Enlistados.

Tomando en cuenta que todo eso estaba en riesgo, podrás imaginarte que la tentación de mentir podría ser fuerte para mucha gente, independientemente de si se trataba de El zoológico o de una universidad tradicional. Al final no tomamos en cuenta este aspecto y sólo decidimos comportarnos como hombres, aceptar la responsabilidad y conservar nuestra integridad.

Aunque el proceso no fue divertido y aunque durante cuatro semanas colgó sobre nuestras cabezas la muy real posibilidad de que nos corrieran, nos concedieron la oportunidad de graduarnos. Pero si no nos hubiéramos apegado al Código de Honor y hubiéramos mentido, te aseguro que nos habrían sacado al instante.

Debo reiterar que el código es lo que permite sacar a la persona, el ego y las decisiones viscerales de la ecuación. Establece el estándar que se espera de todos y le permite a cada integrante de la organización —del secretario al presidente—, señalar a quien no obedezca el código.

El Código de Honor nos facilitó muchísimo funcionar en el ambiente de El zoológico y mantener el estándar. Aunque nuestro «Código de Honor» parece aburrido y exagerado, a todos los que estuvimos de acuerdo en obedecerlo nos proveyó un estándar. Puedes ponerle el nombre que gustes pero todos deben conocer el código y adherirse a él: tú —como dueño del negocio—, tus empleados y cualquier otro despacho, consultores o asesores externos con los que trabajes. Porque si no tienes un código te arriesgas a terminar en un caos.

En el tiempo que he pertenecido a The Rich Dad Company y trabajado para hacer despegar mis ideas de negocios, siempre he tratado de crear una atmósfera con la que pueda atraer a la gente indicada con la actitud necesaria para triunfar, porque éste es un factor de gran importancia. Para asegurarme de lograr y mantener esta atmósfera debo saber qué es lo importante para mi negocio, y bajo qué código quiero que todos operemos. No hay otra cosa más dañina para una buena atmósfera de trabajo que el hecho de que la gente no se someta a los mismos estándares o normas.

En El zoológico todos estuvimos de acuerdo en obedecer el Código de Honor. A pesar de que sólo consistía en 14 palabras, nos proveyó la estructura para la academia y para que los cadetes se manejaran en ella. Yo, al igual que todos los veteranos, gozamos de un ambiente similar cuando estuvimos activos. Hoy en día me enfoco en proveer el código y la estructura necesarios para mi propio negocio.

Los chicos se acercan a las fuerzas armadas por varias razones: disciplina, código, honor y la noción de ser parte de algo más grande que ellos. Te recomiendo que te esfuerces en aplicar estos mismos elementos en el sector civil porque la gente los quiere y los necesita.

El conocimiento de base de los veteranos y su capacidad para incorporar normas, un código de honor y el concepto de misión, son elementos de gran valor que te resultarán fundamentales en tu camino para convertirte en empresario.

El código de honor no es algo que mandas a enmarcar y cuelgas en la pared, es parte de una cultura que exige un estándar más alto. Debe ser una cultura a la que todos los miembros de la organización se apeguen ¡voluntariamente! Tú, como veterano militar que eres, viviste y recibiste de lleno esta cultura, y ahora eres capaz de establecerla y cultivarla.

Reporte especial: los préstamos V.A.

Los préstamos del Departamento de prestaciones para veteranos

Lecciones de vida

Durante el tiempo que serví como *Marine* de los Estados Unidos aprendí mucho acerca de mí, de la vida y de lo que en ella más importa. Ahora tengo que admitir que aprender y valorar algunas de estas lecciones me tomó décadas. Tan sólo el año pasado asistí a la reunión de mi antiguo pelotón y ofrecí disculpas por mis acciones y por mi incapacidad para poner al grupo siempre en primer lugar.

Esta sección especial, sin embargo, no tiene que ver conmigo ni con mi pasado; es sobre cómo tomo ahora lo que he aprendido del dinero y el éxito, y lo aplico a una de las más grandes herramientas de inversión que existen: el Préstamo V. A. o Préstamo del Departamento de Prestaciones para Veteranos de Estados Unidos (U.S. Department of Veterans Affairs).

Rico o pobre

A menudo cuento la historia de mi niñez, por lo que seguramente ya sabes que tuve un padre rico y uno pobre. Uno de ellos tenía una extensa preparación académica y era muy inteligente; contaba con un doctorado y completó cuatro años de trabajo a nivel licenciatura en menos de dos años. Luego realizó estudios de posgrado en la Universidad de Stanford, la Universidad de Chicago y la Universidad Northwestern, todo esto gracias a becas escolares completas. Mi otro padre no terminó la secundaria.

Mis dos padres tuvieron éxito en sus carreras y trabajaron muy duro toda su vida. Ambos llegaron a ganar ingresos sustanciales, pero uno de ellos siempre tuvo problemas de dinero. Uno de ellos llegó a ser uno de los hombres más ricos de Hawái y cuando murió dejó una herencia de decenas de millones de dólares para su familia, varias caridades y su iglesia. El otro sólo dejó deudas por pagar.

Los ricos se vuelven más ricos, los pobres se vuelven más pobres y la clase media no deja de batallar con la deuda porque el tema del dinero suele enseñarse en casa pero no en las escuelas. Todo lo que aprendemos del dinero lo aprendemos de nuestros padres, así que, ¿qué les pueden enseñar a sus hijos sobre el dinero los padres pobres? Sólo pueden decirles: «No dejes la escuela y estudia mucho para que puedas conseguir un buen empleo». El chico o la chica tal vez se gradúe con calificaciones excelentes pero siempre tendrá la programación financiera y la mentalidad de una persona pobre.

Tristemente, el tema del dinero casi nunca se toca en las escuelas. Las escuelas se enfocan en las habilidades académicas y profesionales pero no en las financieras. Esto explica por qué los banqueros, médicos y contadores inteligentes que sacaron tan buenas calificaciones en la escuela, suelen tener problemas económicos toda su vida. Nuestra apabullante deuda interna se debe, en gran parte, a que los altamente educados políticos y funcionarios del gobierno toman decisiones financieras con muy poca o nula preparación en el tema del dinero.

Uno de mis padres, el pobre, creía que el gobierno o alguna empresa debía cuidarte y cubrir tus necesidades. Siempre estaba preocupado por los aumentos de sueldo, los planes para la jubilación, los seguros médicos, los permisos por enfermedad, los días de vacaciones y otras prestaciones. Algo que le impresionaba mucho era la historia de sus dos tíos que se unieron a las fuerzas armadas y que, tras veinte años de servicio activo, obtuvieron un paquete de retiro con prestaciones de por vida. A mi padre le encantaba la idea de tener las prestaciones médicas y los privilegios del Economato Militar que se les otorgan a los retirados. También le encantaba el sistema de prestaciones por antigüedad que ofrecía la universidad. A veces me parecía que, para mi padre, la idea de contar con protección de por vida y prestaciones después de jubilarse, era más importante que el trabajo mismo. Con frecuencia decía: «He trabajado muy duro para el gobierno y tengo derecho a estas prestaciones».

Mi padre rico, por otro lado, creía en la independencia financiera absoluta y hablaba en contra de la mentalidad del subsidio y de la forma en que ésta sólo producía gente débil y necesitada. También ponía mucho énfasis en la importancia de que la gente fuera competente en el aspecto financiero.

Lo que me resulta interesante es que el padre que comenzó siendo pobre y se convirtió en multimillonario —mi padre rico— también me animó a entrar a las fuerzas armadas. Mis dos padres reconocían el valor de la educación militar pero por razones muy distintas. Mientras mi padre pobre valoraba la seguridad de tener un empleo fijo, las prestaciones para los retirados, los seguros médicos y las ventajas de las vacaciones pagadas, mi padre rico se enfocaba en el valor de la habilidad para armar y organizar equipos, y la de liderazgo.

A fin de cuentas, la verdad es que las fuerzas armadas, especialmente los Préstamos V. A., les ayudaron a ambos a concretar la visión que tenían del mundo. Lo único que yo tenía que decidir era ¿quería ser rico o pobre?

Los principios de Padre Rico

Parker Ranch se encuentra en la Gran Isla de Hawái, donde crecí. Cuando yo estaba en la preparatoria, Parker Ranch era el rancho privado más grande de Estados Unidos. Teniendo yo 16 años, mi padre rico nos llevó a su hijo y a mí a visitar el lugar. Estaba alejado de las multitudes y del ambiente consumista de la playa de Waikikí, y abarcaba grandes montañas, interminables colinas verdes y grandes extensiones de tierra que llegaban hasta las espectaculares aguas azules del Océano Pacífico. Hoy en día, con frecuencia sueño con vivir en un pueblito llamado Kamuela, que se encuentra en el centro del rancho.

Cuando visitamos el lugar vimos vaqueros arreando ganado de la zona de alimentación al matadero. Aunque padre rico nos sacó antes de que pudiéramos ver la matanza, nosotros sabíamos lo que sucedería. Y también lo sabía el ganado. Fue una experiencia que no olvidaré jamás.

Algunos meses después, padre rico nos llevó a una granja de lácteos. Muy temprano por la mañana vimos al granjero arrear sus vacas hasta el granero para que las ordeñaran. Este ganado se comportaba de manera muy distinta.

La lección financiera que Padre Rico quería que aprendiéramos, era que, aunque tanto el dueño del rancho como el granjero de la granja de lácteos sabían que el ganado era un activo, cada uno trataba a sus animales de manera distinta y operaba con modelos de negocio diferentes.

Las visitas al rancho y a la granja fueron para enfatizar la diferencia crucial entre las *ganancias de capital* y el *flujo de dinero o efectivo*.

Dicho llanamente, el ranchero puede compararse con la persona que invierte para obtener ganancias de capital y el granjero que produce lácteos con el inversionista que busca obtener flujo de efectivo.

Mucha gente pierde grandes cantidades de dinero al invertir o cree que invertir es arriesgado porque lo hace como los rancheros: invierte para matar al ganado, no para ordeñarlo.

El más tonto de todos

Además de la codicia y la corrupción, una de las principales razones por las que mucha gente pierde su dinero al invertir es que lo hace para obtener ganancias de capital. Durante la burbuja tecnológica las cosas llegaron a estar tan mal que de pronto era posible ver a muchas personas invirtiendo en compañías que no reportaban ganancias y, mucho menos, dividendos. En el punto más álgido de la burbuja, el dinero rápido salió disparado y los más tontos surgieron. ¿Sigue eso sucediendo ahora? ¡Por supuesto!

Una distinción muy importante

Cada vez que escucho a alguien decir que hay que «Invertir a largo plazo», me pregunto, «¿Para qué estás invirtiendo? ¿Para conseguir ganancias de capital o flujo de efectivo?» Si yo invierto para obtener flujo de efectivo, realmente no me importa el precio. Voy a pagar lo necesario para conseguir ese flujo, es decir, que mi dinero vuelva ahora, no mañana, no a largo plazo. En otras palabras... «Muéstrame el dinero ¡ahora!»

Un ejemplo ridículo

Te voy a hacer una pregunta: Si me dieras 10 dólares hoy y yo te devolviera 1 dólar al mes durante años, ¿pensarías que es una buena inversión? ¡Espero que sí! Si analizas el ejemplo, verás que podrías recuperar tus 10 dólares en sólo 10 meses y, a partir de entonces, todo lo que recibieras sería dinero gratuito.

Muchos inversionistas pierden grandes cantidades de dinero porque depositan 10 dólares al mes en un fondo que les entregarán en 40 años, y ellos no saben ni siquiera si el dinero estará ahí para cuando pase ese tiempo. Es a lo que le llamo «volver a estacionar tu dinero». Lo más probable es que haya *algo* en el fondo pero, ¿cuánto? Y, ¿será suficiente?

Ya me puedo imaginar a varias personas diciendo: «Ese ejemplo de invertir 10 dólares y recuperar un dólar al mes es ridículo», pero permíteme asegurarte que no es así. Como la mayoría de la gente ha sido educada para invertir y obtener ganancias de capital, rara vez logran ver el poder de invertir para obtener flujo de efectivo.

La mentalidad del matadero

Padre Rico nos llevó a su hijo y a mí a un rancho y a una granja productora de lácteos porque quería enseñarnos la diferencia entre matar y ordeñar. Padre Rico a menudo nos decía: «Cuando alguien dice que tuvo un día mortal en la bolsa de valores, es porque en realidad así fue. Me refiero a que algún pobre inversionista seguramente murió ese día. El inversionista lento perdió y el dinero rápido desapareció. Sucede todo el tiempo y en todos los mercados, no sólo en la bolsa de valores».

Invertir para obtener ganancias de capital es como apostar

Cada vez que inviertes con la esperanza de que pase algo bueno en el futuro, estás apostando. Y eso es justamente lo que sucede cuando inviertes para obtener ganancias de capital. No estoy diciendo que esté mal, sólo que debemos tomarlo como lo que es y preguntarnos si respalda tus objetivos de inversión.

Apostarle al Super Bowl

Invertir para obtener ganancias de capital es como apostar al principio de la temporada de futbol americano qué equipo ganará el Super Bowl. De hecho creo que sería menos arriesgado hacer esa deschavetada apuesta en el Super Bowl, antes de que comience la temporada, que invertir para obtener ganancias de capital. ¿Por qué? Porque después de todo no hay demasiados equipos en la National Football League. En cambio, en el mercado de valores sí hay miles de acciones y fondos mutualistas entre los que se puede escoger.

En lugar de enseñarme a hacer una carnicería con mis activos, Padre Rico me enseñó a hacerlos crecer utilizando el flujo de dinero o efectivo para aumentar mi cantidad de ganado. En lugar de llevar las vacas al mercado, las vacas se quedan en casa y producen más becerritos, y el flujo de efectivo crece.

El flujo de efectivo es la clave del éxito financiero, la base de nuestra estrategia de inversión y, por cierto, es algo sobre lo que sé bastante. En lo que realmente no soy un experto es en los Préstamos para veteranos.

Robb LeCount, mi amigo y colega veterano (aunque él sólo era marinero de agua dulce), es quien se ha encargado de ese tema. Robb se ofreció como voluntario para reunirse con uno de nuestros entrenadores de The Rich Dad Company para aprender acerca de los beneficios del Préstamo V. A. o Préstamo del Departamento de Prestaciones para Veteranos de Estados Unidos. Aquí tienes su Reporte.

—Robert Kiyosaki

Robb LeCount Reporta

Aunque Robert está en lo cierto —efectivamente soy un orgulloso veterano de la Fuerza Naval, no marinero de agua dulce—, creo que éste es el momento indicado para recordarle lo que quiere decir la palabra *Marine* en inglés: **M**y **A**ss **R**ides **I**n **N**avy **E**quipment (Mi trasero viaja en transporte de la Fuerza Naval). También se ha dicho por ahí que *Marine* significa **M**uscles **A**re **R**equired **I**ntelligence **N**ot **E**ssential (Se solicitan músculos, inteligencia no necesaria).

Pero basta de chistes y hablemos de los Préstamos V. A.

¿Qué es el Préstamo *V.A.?*

Primero, deberás consultar si este tipo de préstamos existe en tu país y en tus prestaciones, si son parecidos, ésta es una idea de cómo aprovecharlos.

Ahora, antes de hablar sobre cómo transformar tu Préstamo V. A. en un activo que te proporcione flujo de dinero, tenemos que entender el préstamo en sí.

Es muy sencillo, todos los veteranos tienen lo que se llama Certificado de Elegibilidad o COE, por sus siglas en inglés. El COE es básicamente la garantía que el Departamento de Asuntos de Veteranos le da a cada uno de que podrá recibir un préstamo para comprar casa. Gracias a esta garantía, tu valor crediticio no representa un factor importante como sucede con los préstamos hipotecarios convencionales. Tú puedes comprar una casa manufacturada, una casa unifamiliar, un condominio... un dúplex, un tríplex o un cuádruplex, siempre y cuando garantices que lo ocupará el dueño. Incluso puedes usar esta prestación para construir una casa.

Además, como en general estos préstamos están garantizados, no tienes que pagar el seguro de préstamo hipotecario privado (PMI, Private Mortgage Insurance). El PMI es, básicamente, una política de seguros impuesta que los prestamistas convencionales te pedirán que solicites para su beneficio, no el tuyo. Por lo general, el banco te pide que pagues su PMI porque eso los protege a ellos, a la gente del banco. El seguro PMI se suma al pago hipotecario principal, los intereses, impuestos y seguros. El Préstamo V. A. no te exige el PMI porque si un veterano llegara a faltar, el préstamo le garantiza al prestador que recibirá su dinero completo. En resumen, si tienes un préstamo V. A., no tendrás que pagar PMI.

¿Quién califica para el Préstamo V. A.?

Básicamente, todos los veteranos que fueron dados de baja honorablemente pueden solicitar esta prestación. Esta regla aplica a quienes están en servicio activo, a la Guardia Nacional y también a los reservistas de cualquier rama de las fuerzas armadas.

Por si fuera poco, los prestadores no revisan tus «antecedentes» como lo hace el intermediario financiero típico. Nadie tomará en cuenta tu registro en el buró de crédito ni te someterá a un escudriñamiento excesivo.

Un último detalle: estos beneficios no los pierdes nunca. Si serviste en la Segunda Guerra Mundial, todavía debes tener tu COE. Muchas de las prestaciones del Departamento de Asuntos de Veteranos son incluso transferibles a los cónyuges si éstos cumplen ciertos requisitos.

¿Cómo se usan los préstamos V. A.?

La forma más común de aprovechar los préstamos V. A. es comprando una casa. Puedes ir a comprar la casa de tus sueños y mudarte de inmediato. También comprar una casa que necesite ser remodelada o requiera mejoras —particularmente si dichas mejoras son para hacer el lugar más eficiente—, y cubrir esos gastos

El segundo uso más común que se da a los préstamos V. A. es como herramienta de refinanciación de un préstamo hipotecario ya existente. En resumen, como la propiedad es lo que está siendo «calificado», el proceso consiste en que un valuador certificado del Departamento de Asuntos de Veteranos visite la propiedad y se asegure de que cubre los requerimientos mínimos, pero éste no es un proceso demasiado riguroso. Tal vez los vendedores de la propiedad estén de acuerdo en pagar algunos costos adicionales de venta para fondear el préstamo V. A.

Si lo que tu quieres hacer es refinanciar y conseguir una tasa de interés más conveniente, entonces el proceso es todavía más sencillo. Se llama Préstamo de refinanciación para reducción de la tasa de interés o IRRRL, por sus siglas en inglés. Lo más maravilloso de este préstamo es que no se requiere de avalúo. Ni siquiera toman en cuenta tus ingresos y tu historial crediticio. El IRRRL es de lo más sencillo que hay.

Formas poco tradicionales de aprovechar tus prestaciones V. A.

También hay otras formas más heterodoxas y creativas para aprovechar los préstamos V. A. Cuando compras una casa con este tipo de préstamo, lo puedes convertir en un activo —una especie de ficha de trueque— que te servirá si decides vender tu propiedad. Los beneficios del préstamo se le transfieren al nuevo comprador, quien puede conservar la misma tasa de interés e incluso seguir teniendo al Departamento de Asuntos de Veteranos como aval del préstamo. Esto significa que le puedes vender a gente que haya tenido dificultad para calificar otra propiedad o préstamo hipotecario, es decir, el mero hecho de tener una propiedad con un préstamo V. A. hace que la cantidad de compradores potenciales sea mayor.

Otro aspecto importante que debes entender de tu préstamo V. A., es que lo puedes usar varias veces, que no sólo es para comprar una casa en una ocasión. Si tienes un V. A. por 400 000 dólares, por ejemplo, pero sólo usas 200 000 para comprar una casa, entonces todavía tienes 200 000 para comprar otra. Naturalmente, aplican ciertas reglas y debes tomarlas en cuenta. En pocas palabras, tienes que vivir en tu propiedad durante un año. Esto significa que puedes comprar dos casas de 200 000 dólares cada una, pero realizar las compras en un periodo de dos años. Supongo que esto te lleva a preguntarte «¿Y para qué quiero dos casas?» Bien, permíteme ponerme mi sombrero de The Rich Dad Company para contestar tu pregunta. La segunda casa es para realizar una inversión, ya sea como dueño de matadero o granjero de granja de lácteos.

Mi forma favorita de aprovechar un V. A. consiste en comprar una casa cuádruplex. De hecho, ahora mismo tengo el proyecto de adquirir una que encontré a la venta por 200 000 dólares. Mi plan es mudarme con mi familia a una de las unidades y rentar las otras tres. Ésta es una fórmula para obtener flujo de dinero instantáneo.

El aspecto preferido de Robert del préstamo V. A. es la posibilidad de refinanciación. Los préstamos V. A. te permiten un refinanciamiento de conversión del activo a flujo de dinero. Muchos de los bancos que ofrecen préstamos convencionales, siempre tratan de desalentarte cuando quieres hacer este tipo de refinanciamiento; y los que lo permiten, sólo te dejan hacerlo por, máximo, 80 u 85 porciento del valor total del inmueble. Con el préstamo V. A., en cambio, puedes hacer el refinanciamiento por el 100 por ciento del valor. Así pues, si hace algunos años compraste tu casa por 150 000 dólares con tu COE (Certificado de Elegibilidad), y ya pagaste parte del capital principal del préstamo y tienes una posición de patrimonio neto de 50 000 dólares, entonces, como veterano, podrías aprovechar ese patrimonio gracias al refinanciamiento de conversión de activo a flujo de efectivo.

¿Por qué es importante esto? Digamos que encontraste otra propiedad en la que te gustaría invertir, y para comprarla necesitas dar un enganche de 20 000 dólares. En este caso, podrías sacar esa cantidad del refinanciamiento y adquirir la casa. Ahora tienes otra propiedad que conseguiste utilizando el dinero de otras personas (en inglés, OPM: Other People's Money), que en este caso serían tus arrendatarios, y así puedes pagar la hipoteca Y ADEMÁS, generar un flujo de efectivo mensual. Dentro de 15 o 30 años, dependiendo del contrato, el activo será tuyo y te habrá generado un flujo de efectivo mensual. Y todo esto gracias a tu préstamo V. A. Más buenas noticias: este proceso lo puedes repetir para así avanzar a pasos agigantados en la construcción de tu base de activos y tu riqueza.

Si ya estás familiarizado con el estilo de inversión de Robert, entonces sabes que lo más importante es el flujo de efectivo y que, en su opinión, invertir para obtener ganancias de capital es el equivalente a apostar. Ahora que ya sabes un poco más sobre los préstamos V. A. y los de su tipo, juntemos los dos conceptos.

El préstamo V. A. y las estrategias para obtener flujo de efectivo

En The Rich Dad Company no le decimos a la gente qué hacer porque creemos que ella debe procurarse educación y aprender a tomar las mejores decisiones de inversión para sí misma. Queremos darte herramientas, no órdenes. Como no podemos conocer la situación personal de todos, sería tonto, incorrecto, incluso peligroso que ofreciéramos consejos.

En lugar de eso, permíteme darte un ejemplo de cómo puede funcionar el préstamo V. A. al acoplarse al principio de Rich Dad de obtener flujo de efectivo para generar éxito. Comencemos la historia con un veterano que decide usar su préstamo V. A. de 400 000 dólares.

El veterano sabe que debe comprar una casa pero también quiere invertir en flujo de efectivo, así que compra una casa cuádruplex de 200 000 dólares. Su tasa de interés es de 4 por ciento y el pago mensual de su hipoteca asciende a 1 200 dólares. El veterano logra rentar las otras tres unidades a 700 dólares mensuales, cada una.

El veterano está recibiendo 2 100 dólares mensuales de renta y pagando 1 200 de su préstamo hipotecario, lo que indica que cada mes tiene un excedente inicial de 900 dólares. (Toma en cuenta que este ejemplo utiliza «números redondos», con los que es más fácil hacer operaciones). Los 900 dólares mensuales es lo que tiene el veterano *antes* de pagar sus facturas y cubrir otros gastos de reparación y mantenimiento. Sin embargo, aun así, su situación es bastante favorable.

Nuestro veterano se queda a vivir en casa un año completo y luego vuelve a hacer exactamente lo mismo. Ahora tiene siete unidades que le generan 700 dólares mensuales y él tiene que cubrir un pago mensual de hipoteca de 2 400 (2 x 1 200). Su ganancia es de 2 500 dólares: ¡4 900 menos 2 400! Nada mal, ¿verdad? Pero este hombre todavía no termina de invertir, así que solicita que vuelvan a valuar la primera propiedad que adquirió y descubre que su casa subió de precio porque compró en el barrio adecuado pero también porque la propiedad es un activo comprobado. Con esta información nuestro veterano logra conseguir 20 000 dólares a través de un refinanciamiento de conversión de activos en efectivo.

Luego toma los 30 000 dólares del refinanciamiento, añade 10 000 más de su bolsillo (nota que ésta es la primera vez que tiene que usar su propio dinero, el cual por cierto es producto del flujo de efectivo de 10 800 de las unidades que rentó el primer año) y compra otra casa cuádruplex con un costo de 200 000 dólares. La diferencia es que ahora debe solicitar un préstamo convencional porque ya usó todas las prestaciones que le otorga el Departamento de Asuntos de Veteranos.

El préstamo convencional no es tan rentable como los otros, porque nuestro veterano tiene que pagar el seguro PMI y una tasa de interés más alta. Estas cuatro unidades nuevas se siguen rentando por 700 dólares cada una, pero el pago mensual que él hace por concepto de hipoteca es de 1 500 dólares. El flujo de efectivo que le generan las unidades asciende a 1 300 (2 800-1 500).

Doce meses después, el veterano es dueño de ocho unidades que adquirió con el préstamo V.A., unidades que le producen un ingreso neto de 2 500 dólares mensuales *más* 4 unidades adicionales que consiguió con un préstamo convencional, las cuales le producen 1 300 al mes. Sus ingresos suman 3 800 dólares mensuales y, ¡eso es tan sólo un año después!

Si damos por hecho que el veterano ahorra todo el dinero que le produce ahora su nuevo flujo de efectivo, entonces tiene 45 600 en el banco. ¿Qué hace a continuación? Toma los 35 000 dólares del refinanciamiento de conversión de activos a flujo de efectivo de las dos casas cuádruplex y, con préstamos convencionales, compra dos casas más iguales, a 200 000 dólares cada una. El veterano ahora tiene que recurrir a préstamos convencionales pero lo está haciendo gracias a la ventaja de refinanciamiento que le ofrecen los préstamos V. A. Estas dos propiedades nuevas le añaden 2 600 dólares más a su flujo de efectivo mensual.

En este escenario perfecto, nuestro veterano obtiene 6 400 dólares mensuales de ingreso pasivo, que es el tipo de ingreso que ganas sin importar si trabajas o no. El veterano tiene varias opciones ahora. Se puede sentar y no hacer nada más que disfrutar de la vida... o puede continuar en el camino hacia una riqueza mayor. Él tiene el control y definir qué quiere hacer con su vida, y como sus ingresos son mayores a sus gastos, ¡ya tiene libertad financiera!

¡Ah, y además, lo mejor, casi no paga impuestos! Pero de eso hablaré en mi siguiente Reporte Especial.

Volvemos contigo, *Marine*.

LAS ÚLTIMAS REFLEXIONES DE ROBERT: ¡ACTÚA!

Toda la gente cuenta con dos grandes regalos de la vida: su mente y su tiempo. Las fuerzas armadas, sin embargo, te han dado a ti un tercer regalo —el Préstamo V. A.—, y tú eres quien decidirá qué hacer con esos tres obsequios.

Cada dólar que generes y recibas como ingreso, te da a ti, y sólo a ti, el poder de definir tu destino. Si lo gastas de manera estúpida, estarás escogiendo ser pobre, pero si lo inviertes en tu mente y aprendes a adquirir activos, elegirás la riqueza como tu meta y tu futuro. La elección es tuya, sólo tuya. Con cada día que pasa y cada dólar que ganas, puedes decidir ser rico, pobre o pertenecer a la clase media.

Los veteranos tienen un potencial para hacer dinero y algunos ni siquiera se han dado cuenta. Tu préstamo V. A. representa cientos de miles de dólares. Toma decisiones sabias que te conduzcan a la creación de flujo de efectivo y alcanzarás el éxito. Te exhorto a que consideres tu préstamo V. A. como una herramienta, un arma contra la pobreza, y como tu camino a la libertad financiera.

Las decisiones que tomes hoy definirán tu futuro y el de toda tu familia.

Te deseo muchísima riqueza y felicidad en este maravilloso regalo llamado vida.

—Robert Kiyosaki

Un fragmento de

Queremos que seas rico

por Robert T. Kiyosaki

¿De qué manera te ayudó la escuela militar a definir tu vida?

La respuesta de Robert

Asistí a una escuela militar por tres razones.

En primer lugar, cuando yo tenía diez años, mi maestro de quinto grado nos hizo estudiar la historia de los grandes exploradores: Colón, Cortés, Magallanes y Da Gama. Leer aquellos libros me inspiró y me hizo desear ir al mar y explorar el mundo.

A los trece, mientras otros chicos les tallaban cuencos para ensalada a sus madres, yo estaba convenciendo a mi maestro del taller de carpintería de que me permitiera construir un bote para mi proyecto. Luego ordené los planos por correo y pasé los siguientes meses muy feliz construyendo un bote tipo El Toro, de poco más de dos metros y medio. Sobra decir que «Taller de carpintería» fue una de las pocas materias en las que saqué 10 de calificación.

Una de las épocas más felices de mi vida fue cuando pasaba tiempo navegando mi bote en la Bahía de Hilo, cuyo nombre fue elegido en honor al pueblo en que yo vivía. En cuanto me sentaba en mi bote, mi mente vagaba y soñaba con puertos lejanos y mujeres exóticas.

Cuando mi consejera vocacional de la preparatoria me preguntó: «¿Qué quieres ser cuando crezcas?», yo le contesté: «Quiero ir al mar, viajar a lugares exóticos como Tahití, beber cerveza y perseguir mujeres».

Y ella, en lugar de enojarse conmigo, me dijo: «Creo que tengo la escuela perfecta para ti», y me entregó un folleto de la Academia de la Marina Mercante. «Revisa este material. Es una escuela difícil pero si realmente quieres ir al mar, te puedo ayudar a que entres a la Academia», agregó.

Después de ganar un nombramiento del congreso por parte del Senador estadounidense Daniel K. Inouye, dejé el aletargado pueblito de Hilo y viajé a Nueva York para dar inicio a mi educación como oficial de la marina mercante. En 1968, como parte de mi periodo de aprendizaje en el mar, viajé a Papaete, Tahití, y ahí bebí cerveza y salí con una de las mujeres más hermosas que he conocido en mi vida. Esta chica daba el estado del tiempo en televisión y era candidata a Miss Tahití: mis sueños se habían vuelto realidad.

La segunda razón por la que asistí a la escuela militar fue porque mi papá no tenía dinero para enviarme a la universidad. Un día me dijo: «El día que te gradúes, tendrás que ver por ti mismo». Y así fue, suando asistí a la Academia me dieron una beca completa, una habitación,

> … comprendí que el combate era la última prueba de voluntad y entrenamiento. No había segundos lugares y el ganador sería el que estuviera mejor preparado.
>
> Cambié mi forma de pensar a: «Lo riesgoso no es combatir sino no estar preparado». Ahora entiendo que lo riesgoso no es la actividad empresarial sino no estar preparado.
>
> —Robert T. Kiyosaki

dinero para alojamiento, ropa, y viáticos. Por si eso hubiera sido poco, también nos pagaban un modesto salario mensual. Muy modesto.

La tercera y tal vez la más importante razón por la que estudié en una escuela militar, fue la disciplina. Cuando era joven y estaba en la preparatoria, pasaba más tiempo surfeando que tomando clases; y a pesar de que me cachó mi papá —que era jefe de educación en Hawái—, me siguió siendo imposible no irme de pinta cuando las olas venían grandes.

Yo sabía que necesitaba disciplina y ahora me queda claro que si hubiera asistido a la Universidad de Hawái, jamás habría terminado la escuela.

En la academia aprendí disciplina, a la mala. A menudo nos castigaban severamente y las clases eran mucho más difíciles de lo que yo esperaba, por eso estoy seguro de que si no hubiera estado sometido a un estricto sistema militar, jamás me habría graduado.

También aprendí a dar y recibir órdenes. En otras palabras, aprendí liderazgo. Si te fijas en el Cuadrante del Flujo de dinero, podrás ver que el liderazgo es esencial para tener éxito en la zona D. Cuando llegué a mi último año, después de tres años de rígida disciplina y entrenamiento en liderazgo, me ascendieron a Oficial de Batallón. Mi misión en ese puesto era enseñarle liderazgo a los estudiantes novatos, jóvenes iguales al que yo solía ser cuando entré a la escuela: rufiancillos que creían que podían vencer al sistema.

La lección más importante de todas

Después de cuatro años de estar en la academia, me ofrecí como voluntario para trabajar en el Cuerpo de Infantería de Marina porque la Guerra de Vietnam todavía no acababa. En la escuela de vuelo de la Fuerza Naval recibí dos lecciones que definieron mi vida y que me han servido mucho desde entonces:

1. Una de las cosas más emocionantes del entrenamiento de vuelo fue aprender a luchar de una aeronave a otra. A esta maniobra

le solían llamar «Pelea de perros». En aquel tiempo nosotros volábamos un T-28 Trojan, una aeronave antigua de la Segunda Guerra Mundial con un solo motor. Esta aeronave era grande, rápida e inclemente. Muchos estudiantes habían muerto operándola porque estaba diseñada para ser ágil y maniobrable. Si no eras buen piloto, podía matarte.

Un día iba yo volando solo y estaba esperando divisar a mi instructor, quien me iba a saltar. De repente escuché gritos por el auricular del casco: «¡Bang, bang, bang, bang!». Era el instructor informándome de que la lucha había comenzado. Hice lo que me habían enseñado de inmediato: le di un empellón a la palanca de la mezcla de combustible hasta llegar a «Abundante» porque sabía que así protegería el motor. Luego llevé la nave arriba y a la derecha, y la giré para tratar de deshacerme del atacante.

Pero en lugar de perderlo, seguí escuchando «Bang, bang, bang. ¡Te tengo, idiota!» No pude deshacerme del instructor. Me elevé, giré, caí en picada, traté de detenerme pero nada funcionó. Ni siquiera podía ver bien porque el visor del casco estaba cubierto de sudor. Durante un buen rato —como diez minutos—, el instructor me siguió de cerca sin que ninguna de mis maniobras evasivas pudiera engañarlo.

Cuando llegamos a tierra, comenzó el análisis. Mi instructor usó las manos para describir mi vuelo y a mí me dieron ganas de vomitar. No fue sólo por las violentas maniobras que acababa de ejecutar sino porque de pronto comprendí que era muy mal piloto y todavía debía aprender mucho.

En ese momento, mi instructor dijo algo que no he podido olvidar desde entonces: «El problema con este negocio es que no hay segundo lugar. Solamente un piloto regresa vivo a casa». Ése momento fue definitivo para mi vida. Después de ese día sólo me dediqué a practicar, practicar y practicar.

Más adelante, en Vietnam, volví a escuchar el «Bang, bang, bang» varias veces sólo que ahora era la vida real. Eran balas de verdad, no mi instructor gritando por radio.

Si hoy en día gano en los negocios, no se debe a mi inteligencia o a que nunca fracaso, sino a que en mi mundo no hay segundo lugar.

2. El otro momento que definió mi vida tuvo que ver con el riesgo.

Cada vez que escucho a alguien decir «Invertir es arriesgado», sé que en realidad esa persona no está preparada para esta actividad. Después de aquel día que estuve en el aire con mi instructor de vuelo, comprendí que el combate era la última prueba de voluntad y entrenamiento. No había segundos lugares y el ganador sería el que estuviera mejor preparado.

Entonces cambié mi forma de ver las cosas y pensé: «Lo riesgoso no es combatir sino no estar preparado». Ahora entiendo que lo riesgoso no es la actividad empresarial sino no estar preparado.

En lo que se refiere a negocios e inversiones, debo decir que soy un fanático de la práctica y la preparación. ¿Qué hago para reducir el riesgo? Practico, mejoro mis habilidades y juego para ganar porque sé que el premio es para quien juega con menos riesgo y más confianza.

Si necesito correr un riesgo, me aseguro de que no sea muy grande. Antes de invertir con dinero real en mi primera transacción de bienes raíces, asistí a un taller para inversionistas. Después revisé cien propuestas a pesar de que, adonde quiera que iba en Hawái, los corredores de bienes raíces me decían: «Estás buscando algo que no existe». Después de varios meses de buscar, por fin encontré una buena propiedad en la isla de Maui. Se trataba de un condominio de una sola habitación cerca de la playa, el cual se vendía por sólo 18 000 dólares. Ésa fue mi primera inversión pero desde entonces he revisado decenas de miles de inversiones posibles y sólo he comprado algunas.

Después de que perdí mi negocio de carteras de nailon para surfistas volví a la disciplina de estudiar y practicar, estudiar y practicar. Así comprendí que lo riesgoso no es la actividad empresarial sino no estar preparado.

La comprensión de que en mi mundo no hay segundo lugar y de que el mayor riesgo es no estar preparado, cambió por completo mi búsqueda de riqueza.

La mayoría de la gente invierte dinero pero no invierte suficiente tiempo. Donald y yo invertimos muchísimo tiempo antes de arriesgar nuestro dinero. Es decir, nosotros nos preparamos para invertir. Yo comprendí que lo riesgoso no es la actividad empresarial sino no estar suficientemente preparado.

Escuela militar vs. Escuela de negocios

Si observas el Triángulo D-I, notarás a primera vista por qué las escuelas y el servicio en las fuerzas armadas son una preparación excelente para la actividad empresarial y las inversiones. Dicho de una manera sencilla, las escuelas de negocios se enfocan en el interior del Triángulo D-I, o sea, en el contenido. Las escuelas militares, en cambio, se enfocan en el exterior: en el contexto.

¿DE QUÉ MANERA TE AYUDÓ LA ESCUELA MILITAR A DEFINIR TU VIDA?

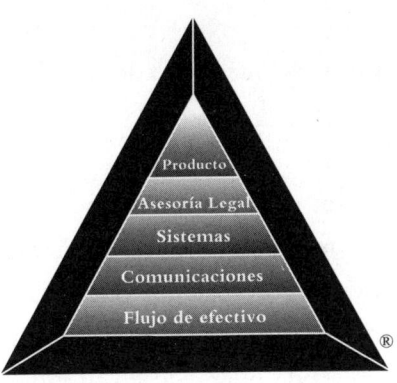

Como habrás notado en el diagrama, los cuatro años que pasé en la escuela militar y los casi seis que serví en las fuerzas armadas, me prepararon para el mundo real de la actividad empresarial y las inversiones. Esta educación fue excelente porque el proceso me enseño lo siguiente: 1. Disciplina. 2. Enfoque. 3. Servir a una misión más importante que mis intereses personales. 4. Recibir órdenes, seguir órdenes y dar órdenes. 5. Controlar mis miedos y mi cólera. 6. Estudiar y respetar a mi enemigo. 7. Confiar en mis compañeros soldados y estar dispuesto a dar mi vida por ellos así como ellos estaban dispuestos a dar su vida por mí. 8. Prepararme antes de ir a la batalla.

Tu respuesta

De lo que aprendiste en la escuela militar, ¿qué te ayudó a definir tu vida?

Tal vez no asististe a una escuela militar pero sí perteneciste a los Boy Scouts, las Girl Scouts u otros grupos en donde te enseñaron la importancia de la disciplina y el liderazgo. ¿Qué beneficios obtuviste de esta experiencia? ¿O cómo te habrías podido beneficiar al usar la autodisciplina y las habilidades de liderazgo en tu vida?

_____

_____

_____

¿En qué aspecto de tu vida podrías aplicar más disciplina (administración de tu tiempo o tus finanzas, por ejemplo) y/o más habilidades de liderazgo?

_____

_____

_____

Acerca del autor

Robert Kiyosaki

Robert Kiyosaki, mejor conocido como el autor de *Padre Rico, Padre Pobre* —el libro #1 de finanzas personales de todos los tiempos—, ha desafiado y cambiado la forma en que piensan sobre el dinero decenas de millones de personas alrededor del mundo. Es empresario, educador e inversionista, y cree que el mundo necesita más empresarios que construyen empleos.

    Debido a sus opiniones acerca del dinero y las inversiones —a menudo en contra de la sabiduría tradicional—, Robert se ha ganado la reputación de un autor candoroso, irreverente y valeroso; y se ha convertido en un defensor apasionado y franco de la educación financiera.

    Asimismo, Robert y Kim Kiyosaki son los fundadores de The Rich Dad Company, una empresa de educación financiera, y creadores de los juegos *CASHFLOW*®. En 2014 la empresa apalancó el éxito global de los juegos de Padre Rico con el lanzamiento de una novedosa oferta de juegos en línea y aparatos móviles.

Robert ha sido proclamado como un visionario con el don de simplificar conceptos complejos —ideas relacionadas con el dinero, la inversión, las finanzas y la economía— como «Tu casa no es un activo», «invierte para conseguir flujo de efectivo» y «los ahorradores son perdedores», las cuales provocaron una tormenta de crítica y escarnio… pero luego se comprobaron en medio del escenario económico mundial de la última década, de manera profética y perturbadora.

Desde la perspectiva de Robert, la «vieja» recomendación —consigue un buen empleo, ahorra dinero, sal de deudas, invierte a largo plazo y diversifícate—, se volvió obsoleta para la acelerada Era de la Información en que vivimos ahora. Sus filosofías y mensajes de Padre Rico, desafían el *statu quo*. Sus enseñanzas motivan a la gente a buscar educación financiera y asumir un papel activo en la inversión para su futuro.

Además de ser autor de diecinueve libros, entre los que se encuentra el éxito internacional *Padre Rico, Padre Pobre*, Robert ha aparecido en medios de todo el mundo, desde CNN, BBC, Fox News, Al Jazeera, GBTV y PBS, hasta *Larry King Live, Oprah, Peoples Daily, Sydney Morning Herald, The Doctors, Straits Times, Bloomberg, NPR, USA TODAY* y cientos más. Asimismo, sus libros han estado a la cabeza de listas internacionales de *best-sellers* por más de diez años. Robert sigue enseñando e inspirando a públicos de todo el mundo.

Entre sus libros más recientes se encuentran, *La ventaja del ganador: El poder de la educación financiera, El toque de Midas,* y *Despierta el genio financiero de tus hijos: por qué los estudiantes de «10» trabajan para los de «6».*

Para conocer más sobre Robert, visita: RichDad.com

Lee el libro que lo inició todo

Robert Kiyosaki ha desafiado la manera en que millones de personas de todo el mundo piensan acerca del dinero. Con opiniones que a menudo contradicen las ideas tradicionales, Robert se ha ganado la fama de ser un orador franco, irreverente y valioso. Se le considera en todo el mundo el gran defensor de la educación financiera.

Padre Rico Padre:

- Acabará con el mito de que necesitas tener ingresos muy altos para llegar a ser rico.
- Desafiará la creencia de que tu casa es un activo.
- Les mostrará a los padres por qué no pueden confiar en el sistema educativo para que les enseñen a sus hijos lo necesario acerca del dinero.
- Definirá, de una vez por todas, lo que es activo y lo que es pasivo.
- Te enseñará lo que necesitas transmitirle a tus hijos acerca del dinero para que tengan éxito en el aspecto económico.

Padre Rico Padre Pobre
¡El libro sobre finanzas personales más vendido de todos los tiempos!

AGUILAR

Ordena tu copia en richdad.com, ¡hoy!

¿Cansado de vivir de una quincena a otra?

En *El cuadrante del flujo de dinero*, **la continuación de** *Padre Rico, Padre Pobre* **de Robert Kiyosaki, aprenderás que el papel que juegues en este mundo del dinero, afectará tu capacidad para llegar a ser libre en el aspecto financiero.**

Conoce a los cuatro tipos de personas en el ámbito de los negocios:

- Empleados
- Autoempleados
- Dueños de negocios grandes
- Inversionistas

Aprende cómo puedes dejar de ser un empleado o autoempleado, y obtener el poder de ser el dueño de un negocio, o un inversionista.

El cuadrante del flujo de dinero es la guía perfecta para salir de la Carrera de la Rata y entrar al Carril de alta velocidad.

¡Visita richdad.com y ordena tu copia hoy mismo!

8 lecciones de liderazgo militar para emprendedores de Robert T. Kiyosaki
se terminó de imprimir en junio de 2017
en los talleres de
Litográfica Ingramex, S.A. de C.V.
Centeno 162-1, Col. Granjas Esmeralda,
C.P. 09810 Ciudad de México